MICHAELA PETERS

Oui, Chef!

MICHAELA PETERS
FOTOS: JÖRG LEHMANN

Oui, Chef!

Michaela Pet

Inhalt

Chère Michaela,

als Sie vor elf Jahren im Frühjahr zu uns nach Illhäusern kamen, machten wir nicht nur die Bekanntschaft mit einer freundlichen, aufgeschlossenen jungen Frau, sondern darüber hinaus mit einem aufstrebenden und vielversprechenden Kochtalent. Diese Eigenschaften, gepaart mit der notwendigen Zielstrebigkeit, ohne die sich ein echtes Talent nicht weiterentwickeln kann, halfen Ihnen vom ersten Tag an, in unserer Küche und in unserer Familie Fuß zu fassen. Und das, obwohl Sie damals noch kaum ein Wort Französisch sprachen. Schon zu Beginn Ihrer Zeit in der Auberge de l'Ill zeigten Sie in unserer Küche, dass Sie in Sachen Arbeitsbelastung und Kreativität auf höchstem Niveau mithalten konnten. Sie waren unermüdlich, immer mit einem offenen Auge dafür, wo gerade etwas zu tun war, und Sie lernten in erstaunlichem Tempo unsere Muttersprache, die Sie heute vorzüglich beherrschen.

Es bereitete uns große Freude, dabei zuzusehen, wie sich dank Ihrer Tüchtigkeit Ihre große Begabung rasch entfaltete. Zudem besitzen Sie eine Gabe, die nicht jeder Spitzenkoch sein Eigen nennen und die man in keiner Küche der Welt erlernen kann: Sie verfügen über einen exzellent ausgeprägten Geschmack und stimmen Ihre Kreationen mit einem Feingefühl und einer Sicherheit ab, die ihresgleichen suchen.

Das konnten wir verschiedene Male erleben und genießen, wenn wir mit Ihnen und Ihren Leuten im Rendez-vous de Chasse in Colmar speisten.

Machen Sie so weiter, Michaela.

Wir wünschen Ihnen von Herzen eine große Zukunft und vor allem noch viele Sterne.

Avec tous mes compliments, bonne chance!

Ihr

Marc Haeberlin, Patron und Küchenchef der seit vierzig Jahren mit drei Michelin-Sternen ausgezeichneten Auberge de l'Ill in Illhäusern, Frankreich, und Präsident von Les Grandes Tables du Monde, Traditions & Qualité

» Meine Küche ist eine Verneigung vor der französischen Lebensart. Hier gehören Essen und Trinken zu den unverzichtbaren Kulturtugenden. «

18
19
20
21

Sébastien

chaela Peters

23

PATISSERIE

Michaela Peters
und das Beste
AUS ZWEI WELTEN

Die Münsterländerin Michaela Peters kocht im traditionsreichen Rendez-vous de Chasse zu Colmar auf höchstem Niveau. Ihre Kochkunst spiegelt die glückhafte Verbindung von elsässischer Bodenständigkeit, deutscher Sorgfalt und französischer Raffinesse.

Kaum eine Region hat das wechselvolle Verhältnis zwischen Frankreich und Deutschland so hautnah zu spüren bekommen wie das Elsass: L'Alsace, so der französische Name, nimmt auch heute wegen seiner exponierten Lage am Rhein in der Grande Nation eine Sonderstellung ein. Spuren deutscher Sprache und Kultur sind allerorts zu finden, der Lebensstil jedoch ist französisch geprägt. In der großartigen Kulturlandschaft mit Weinbergen, verträumten Landgütern und Dörfern, Burgen und Ruinen spiegelt sich die alemannische Tradition wider. Urige kleine Ortschaften mit verwinkelten Gassen, uralten Fachwerkhäusern und Storchennestern auf den Dächern sowie gemütlichen Weinstuben, locken Gourmets und Weinfreunde in Scharen an.

Auch die ursprüngliche Küche des Elsass ist eher alemannisch als französisch geprägt. Gehaltvolle Würstchen, der deftige Fleischeintopf Baeckaoffa, allerfeinstes Choucroute, wie das Sauerkraut hier heißt, und der würzige Munster Käse sind wohl die bekanntesten Beispiele für die bodenständige Küche des Elsass. Die berühmte Straßburger Foie gras, delikate Trüffelgerichte sowie würzige Patés im Teigmantel und Terrinen spiegeln dagegen den Einfluss der französischen Küche und den ihr eigenen kulinarischen Akzent wider. Schließlich ist Frankreich mit seiner breiten Palette an Delikatessen, seinem Esprit und seiner Raffinesse schlechthin das Mutterland der Haute Cuisine und hat bis heute eine Vielzahl der besten Köche hervorgebracht.

Der mehrfache Wechsel zwischen der linken und rechten Rheinseite zeichnete den Werdegang von Michaela Peters. Er beginnt in der renommierten Fleischerei Huesmann im westfälischen Münsterland, wo sie als engagierte Fachverkäuferin lernt, und führt über diverse Stationen in eines der besten Restaurants im Elsass, dem sie heute als souveräne Sterneköchin vorsteht.

Als jüngste Tochter einer gutbürgerlichen, alteingesessenen Familie wächst Michaela im beschaulichen Steinfurt an der Grenze zu den Niederlanden mit zwei älteren Brüdern auf. »Ich war selbst ein halber Junge«, gibt die jugendlich wirkende, blonde Frau schmunzelnd preis. Dem Wildfang sind die weiten Landschaften um den mittelalterlich geprägten Heimatort – mit Flussläufen und weiten Landschaften, mit Burgen und Mühlen, mit Tieren und vor allem Pferden – das Ein und Alles. Von dem Forschergeist, der sie heute selbst in ihrer Freizeit an neuen Gerichten tüfteln lässt, und diszipliniertem Küchenhandwerk findet sich noch keine Spur. Auch die Schulzeit erlebt der Teenager als wenig inspirierend, ihre Kreativität und Wissbegierde kann sie hier nicht ausleben. Ebenso wenig wie in einem der »Mädchenberufe«, zu denen sie die Eltern drängen. So ist es wohl ein Wink des Schicksals, als sie auf Anraten einer Freundin bei der unter Gourmets als Geheimtipp bekannten Fleischerei Huesmann anheuert. »Der Umgang mit Fleischspezialitäten und Delikatessen war für mich eine Offenbarung.« Die junge Frau lernt hier, dass der Ursprung jeder guten Küche in der Verwendung bester Zutaten liegt. »In der Ausbildung habe ich alles Wissen über Fleisch- und Wurstspezialitäten aufgesaugt wie ein Schwamm, doch dann wollte ich mein Spektrum erweitern.« Michaela Peters beginnt bei Holtmann's Catering, einer der ersten Adressen für Feinkost in Köln. Das verwöhnte, betuchte Publikum ist nicht nur an der Herkunft eines Käses oder einer Trüffelsorte interessiert, sondern verlangt auch genaue Auskünfte über Reifegrade, Herstellung, passende Weine … »Ich habe so viel geübt und probiert, dass ich am Ende schon morgens Roquefort essen konnte.« Bei Holtmann's lernt Michaela erstmals die Erzeugnisse der exquisiten französischen Küche kennen.

Selbst wenn das Restaurant vollbesetzt ist und Hochbetrieb in der Küche herrscht, bewahrt Michaela Peters ihren Humor und vor allem ihre Ruhe.

Der nächste Karriereschritt der 21-Jährigen führt ins Parkhotel Schloss Hohenfeld in Münster. Hier lernt sie ihren ersten Mentor kennen: Meisterkoch Wolfgang Stein, ehemaliger Küchenchef im berühmten Waldhotel Krautkrämer. Dieses Spitzenhotel verdankte seinerzeit dem Küchenmeister seinen Michelin-Stern. Auch in Schloss Hohenfeld bürgte der Name Wolfgang Stein für höchste kulinarische Ansprüche: Hier vollzog er den Schwenk von der Nouvelle Cuisine der achtziger Jahre hin zu einer einfacheren und dennoch anspruchsvollen Regionalküche. Michaela wird dieses Bekenntnis später in ihre Küche integrieren und eigenständig interpretieren. Die Verwendung von regionalen Spezialitäten höchster Qualität, verbunden mit der Kreativität und Raffinesse der mediterranen Küche sowie die Kunst der perfekten Zubereitung kommen bei Michaela Peters nicht von ungefähr. Als sie zwei Jahre später Schloss Hohenfeld verlässt, ist die Saat gelegt. Die junge Köchin macht sich auf den Weg, um ihre Kunst weiter zu verfeinern. Nach kurzen Gastspielen in zwei weiteren Restaurants winkt ihr das Schicksal ein weiteres Mal.

daphalac

Ihre Bewerbung landet über Umwegen auf dem Schreibtisch von keinem Geringeren als Paul Haeberlin, einem der Großmeister der französischen Küche. Der Schöpfer zahlreicher zum Teil weltberühmter Gerichte führte damals die L'Auberge de l'Ill, über der seit vierzig Jahren ununterbrochen drei Michelin-Sterne erstrahlen. Die Familie hat es geschafft, aus dem elsässischen Weiler Illhäusern einen Wallfahrtsort der Haute Cuisine zu machen, zu dem Jahr für Jahr Tausende Feinschmecker pilgern. Darüber hinaus war Monsieur Paul, wie er liebe- und respektvoll zugleich von seinen Angestellten genannt wird, Lehrmeister für ein paar handverlesene Kochtalente, deren Stern bald selbst aufgehen sollte. Darunter so klingende Namen wie Hans Haas vom Münchner Tantris und Eckhart Witzigmann, der 1979 als erster Koch in Deutschland selbst drei Michelin-Sterne bekam.

Paul Haeberlin also gibt der jungen Westfälin die einmalige Chance, in seiner hochkarätigen Küchenbrigade den Feinschliff zu erhalten. Mit nur ein paar Brocken Französisch im Gepäck macht sich die junge Frau umgehend auf nach Illhäusern in eines der bedeutendsten Restaurants der Welt. Die ersten Wochen wird sie kaum ein Wort verstehen und erhält die härtesten Aufgaben: »Meine Hände waren schon nach kurzer Zeit zerschnitten vom Langustenschälen. Heute kann ich es mit verbundenen Augen«, beschreibt Michaela Peters ihr Entrée in der Auberge de l'Ill. Manch aufstrebendes Kochtalent hätte diesen Sprung ins eiskalte Wasser nicht überstanden. Doch die junge Deutsche lernt schnell. Während sich ihre Sprachkenntnisse entwickeln und ihre Küchenfertigkeiten erweitern, wächst sie peu à peu in ihre neue Aufgabe hinein. Und sie lernt die elsässische Lebensart kennen und schätzen:

Bei einem der größten Köche Europas hat sie ihre Sporen erworben. Heute steht die Westfälin der Sterne-Küche des traditionsreichen Rendez-vous de Chasse vor.

Bescheidenheit trotz herausragender Leistungen, Erdverbundenheit trotz einer verwöhnten Klientel und eine ruhige Herzlichkeit, die die unermüdlich arbeitenden Kochtalente ganz selbstverständlich zum Teil der Familie macht. Die Zeit in Illhäusern wird für sie zu einer prägenden Erfahrung, sowohl was ihre gastronomischen Fähigkeiten betrifft, als auch ihre Zuneigung zum Elsass. »Natürlich war es hart, aber ich möchte diese Zeit nicht missen. Ich habe mich sehr aufgehoben gefühlt. Und ohne Leistung gibt es nun einmal keine Sterne. Das habe ich bei Monsieur Paul und seinem Sohn Monsieur Marc gelernt«, erzählt sie bewundernd und voller Wärme.

Als Chef de Partie verlässt sie Illhäusern und geht erneut auf Wanderschaft. Diesmal geht sie als Tournant Chef de Partie nach Ammerschwihr in das damals mit einem Michelin-Stern gekrönte Restaurant Aux Armes de France und für kurze Zeit auch in das Restaurant, dessen Geschicke sie später als Küchenchefin leiten wird, das Rendez-vous de Chasse. Doch zunächst macht

35

sie wieder in der Nachbarschaft der Haeberlins Station: Im Restaurant Le Valet de Cœur im idyllischen Ribeauvillé in den Vogesen sammelt sie Erfahrungen als Sous-Chef, d. h. als Stellvertreterin des Küchenchefs. In dieser Zeit absolviert Michaela Peters auch die Meisterschule in Heidelberg, die sie mit Auszeichnung als Küchenmeisterin verlässt. Im Sommer darauf wird die junge Frau ihre Wanderjahre vorläufig abschließen. In die Ferne zieht es sie nur noch auf Reisen mit ihrem Lebensgefährten Laurent. Die leidenschaftliche Taucherin liebt das Meer, weiß aber auch die Ruhe bei langen Spaziergängen mit ihrer Dackelhündin zu schätzen, ebenso wie die Lektüre historischer Romane oder das Aufspüren historischer Kochbücher.

Zum Küchenchef gereift, übernimmt die Spitzenköchin auf Bitten des Patrons im Juli 2003 die Küche im alteingesessenen Rendez-vous de Chasse in Colmar. Die Aufgabe, die dort auf sie wartet, ist keine geringe: Es gilt, den über diesem Restaurant strahlenden Michelin-Stern zu halten. Der Empfang in der Küchenbrigade fällt nicht gerade herzlich aus. Ihr als Frau und als einer Deutschen noch dazu traut ihr nicht jeder im Team zu, die hochgesteckten Erwartungen einer anspruchsvollen und verwöhnten Kundschaft zu erfüllen. Doch Michaela Peters macht sich mit der für sie typischen Ruhe und Beharrlichkeit ans Werk, stellt eine junge, internationale Küchenbrigade aus engagierten MitarbeiterInnen zusammen; schon nach kurzer Zeit überzeugt sie Kritiker wie auch Gäste. Und letztere sind, wie sie weiß, diejenigen, auf die es ankommt: »Es zählt allein der Gast, sonst nichts. Er muss zufrieden sein. Dazu braucht man ein gutes Team, das mit Herz bei der Sache ist und seinem Chef oder seiner Chefin vertraut.«

Umfassende Produktkenntnisse, ausgezeichnete Geschmacksnerven sowie Ausdauer und Fantasie gehören zum Handwerkszeug eines Spitzenkochs.

Eine gelassene Zauberin ist Michaela Peters am Herd, deren Traum nach eigenem Bekunden die Führung eines eigenen Restaurants ist. Ein anderer Traum wird hingegen dieses Jahr schon wahr: Michaela Peters freut sich auf die Geburt ihres ersten Kindes, was sie in keiner Weise hindert, auch mit dickem Bauch in der Küche zu experimentieren. Dabei interpretiert sie die elsässische Küche höchst individuell, wobei sie größte Sorgfalt auf ihre Zutaten verwendet. Michaela Peters bevorzugt kleine, regionale Zulieferer, wie den Fischhändler aus den Vogesen mit seinem vorzüglichen, weißen Bachsaibling, die elsässische Käserei mit ihren Ziegenmilchspezialitäten oder den kleinen Boulanger mit seinen ausgezeichneten Broten. All diesen dienstbaren und für den Gast im Restaurant unsichtbaren Geistern ist die Küchenchefin herzlich verbunden. »Sie liefern mir die Grundlage für meine Arbeit und inspirieren mich zu neuen Ideen.« So wird Monsieur Guidat, der Fischer, mit Handschlag begrüßt, bekommt im Restaurant noch rasch eine Schale Café au lait kredenzt und für den Heimweg ein paar gute Worte. Gleiches gilt

natürlich auch für den Einkauf von Fleisch und Gemüse. Dank ihrer bodenständigen Ausbildung weiß Michaela Peters, wie wichtig persönliche Beziehungen zu Lieferanten sind, um wirklich die Topqualität aus einem breiten Angebot zu erhalten. Und die Wertschätzung ist durchaus gegenseitig. »Elle est merveilleuse – sie ist großartig,« so das Diktum von Monsieur Guidat. Neben den Zutaten für ihre preisgekrönten kulinarischen Kreationen, spielt das Thema Wein für einen Küchenchef naturgemäß eine sehr wichtige Rolle. Michaela Peters kann gerade hier im Elsass aus dem Vollen schöpfen, denn die Region hat sich neben den anderen großartigen Weinanbaugebieten Frankreichs wie dem Bordeaux und Burgund fest etabliert. Besonders für seine feinen Rieslinge und Crémants ist das Elsass unter Kennern mittlerweile weit über die Grenzen der Grande Nation hinaus bekannt. Michaela Peters verkostet gerne bei kleineren Weinbauern und Schnapsbrennern, denn hier knüpft sie jene wertvollen Kontakte, dank derer sie ihren Gästen auch rare Tropfen servieren kann.

Die Sterne-Köchin, die Napoleon und Königin Elisabeth I. als ihre Lieblingsgestalten in der Geschichte schätzt, lässt selbst jeden herrischen Befehlston missen. Vielmehr bezeichnet sie sich selbst als aufgeschlossen und tolerant, zwei Tugenden, die sie auch an anderen schätzt. So nimmt es kaum Wunder, dass die Stimmung in ihrer Brigade sehr entspannt ist. Statt der sonst üblichen Hektik in Küchen von diesem Format herrscht eine unangestrengte Betriebsamkeit. Wie sehr Michaela Peters von ihren MitarbeiterInnen als Küchenchefin geschätzt wird, zeigt die freundlich-respektvolle Antwort, mit der ihre Anweisungen stets bedacht werden: »Oui, chef!«

Anna Cavelius

Liebe Michaela,
als Du Dich damals bei mir beworben hast, war ich gleich sehr neugierig auf Dich. Du zeichnetest Dich durch ein ausgeprägtes Selbstbewusstsein aus und ließest Dir insbesondere von männlichen Kollegen nie die Butter vom Brot nehmen. Zudem brachtest Du das nötige Handwerkszeug für eine sehr gute Köchin mit: umfassende Produktkenntnisse, sensible Geschmacksnerven und Fantasie, Ausdauer, Belastbarkeit sowie einen ausgebildeten Sinn für Ästhetik. Diese Tugenden sind unerlässlich für das Erlernen der klassischen französischen Küche und Grundvoraussetzungen für modernes, zeitgemäßes Kochen.
Nach Deinen beiden Ausbildungsjahren war mir bewusst, dass Du eine außergewöhnliche talentierte Köchin bist. Nach weiteren Stationen und bestandener Meisterprüfung kannst Du Deine Kochphilosophie nun selbst umsetzen und den Michelin-Stern erfolgreich halten. Für mich ist das der redlich verdiente Lohn für Deine moderne Interpretation einer bodenständigen Küche. Weiter so!

Dein *Wolfgang Stein*

(Wolfgang Stein war Küchenchef im Parkhotel Schloss Hohenfeld/Münster)

Meine Regionalküche

SONNEZ
CHICAGO BULLS

5€

Radis
2 50

Nicolas
4 kilos
5 €
Nouvelle
4 50

Kochen mit Produkten aus der REGION:

Bodenständigkeit und **Raffinesse** müssen sich keineswegs ausschließen. Gerade in der elsässischen Küche mit ihrer alemannisch-französisch geprägten Tradition gehen regionale Spezialitäten einen einzigartigen Bund mit der **hohen Kunst** des Kochens ein. Für mich ist das Kochen mit regionalen Produkten eine immer wieder spannende **Herausforderung,** Tradition und Moderne auf das Geschmackvollste zu verbinden und so Gerichte zu kreieren, die den Gaumen **überraschen,** ohne abgehoben zu sein.

Königinpastete
mit Krebsfleisch und Spargel

Zubereitungszeit 30 Min.
Zutaten für 4 Personen

2 Schalotten
100 g Champignons
200 g weißer Spargel
100 g frische Erbsen
2 EL Butter
2–3 EL Cognac
350 ml Krustentierfond
(aus dem Glas oder siehe Grundrezept, Seite 189)
Salz
4 Blätterteig-Pasteten
400 g ausgelöste Krebsschwänze
(alternativ Garnelenschwänze)
schwarzer Pfeffer

1. Die Schalotten schälen, halbieren und in feine Streifen schneiden. Die Champignons mit einer Bürste säubern, das Stielende mit einem kleinen Messer abschneiden und je nach Größe halbieren oder vierteln. Den Spargel schälen und dabei die holzigen Enden ca. 1–2 cm abschneiden. Die Erbsen aus den Schoten brechen.

2. In einem Topf die Butter zerlassen und die Schalotten darin glasig anbraten. Die Champignons dazugeben, mitschwitzen, mit dem Cognac ablöschen und flambieren. Mit dem Krustentierfond aufgießen, ca. 10 Min. köcheln lassen und dann beiseitestellen.

3. Den Backofen auf 180° vorheizen. Die Spargelstangen in kochendem Salzwasser in ca. 8–10 Min. garen; dann herausheben, in Eiswasser abschrecken und in 4 cm lange Stücke schneiden. Die Erbsen ebenfalls in Salzwasser für 5–7 Min. kochen, abgießen und abschrecken.

4. Die Pasteten im Backofen ca. 5 Min. warm werden lassen. Inzwischen Spargelstücke, Erbsen und Krebsfleisch in den Krustentierfond geben. Das Krebsragout einmal aufkochen und mit Salz und Pfeffer abschmecken, dann in die warmen Pasteten einfüllen und servieren.

MICHAELA PETERS' TIPP

- **Die Pasteten sind einfach selbst herzustellen. Die Anleitung hierzu finden Sie auf Seite 181.**
- **Unter Flambieren versteht man das Abflämmen einer Speise mit Hilfe eines hochprozentigen Alkohols; dabei werden die Aromen des Alkohols regelrecht in das Gericht »eingebrannt«.**

Tarte flambée
Flammkuchen

Zubereitungszeit 30 Min.
Ruhezeit 1 Std.
Zutaten für 1 1/2 Bleche oder 4 runde Tartes

Für den Tarteteig
250 g Mehl Typ 405,
Mehl für die Arbeitsfläche
1/2 Päckchen Trockenhefe
1/2 TL Salz

Für den Belag
250 g Quark
100 g Crème fraîche
1 Ei
1 EL Kartoffelstärke
schwarzer Pfeffer | Salz
3 Frühlingszwiebeln
150 g durchwachsener Speck

Für die berühmte elsässische Version der Pizza sollte der Teig möglichst dünn ausgerollt werden. Auch die Quarkmischung ist dünn aufzutragen.

Original wird die Tarte flambée im Holzkohleofen gebacken. Ihr Ofen muss also richtig heiß sein, bevor Sie die Tarte hineinschieben.

1. Für den Tarteteig das Mehl mit der Trockenhefe und dem Salz vermengen. 130 ml lauwarmes Wasser hinzugeben und zu einem glatten Teig verkneten. Sollte der Teig zu nass sein, etwas mehr Mehl unterkneten; ist er zu trocken, etwas Wasser zufügen. Den Teig abgedeckt an einem warmen Ort ca. 1 Std. aufgehen lassen, bis er sein Volumen verdoppelt hat.

2. Inzwischen für den Belag den Quark in einem feinen Sieb gut abtropfen lassen. Anschließend den Quark mit Crème fraîche, dem aufgeschlagenen Ei und der Kartoffelstärke glatt verrühren. Mit Pfeffer und nicht zu viel Salz abschmecken.

3. Den Backofen auf 230° vorheizen. Die Frühlingszwiebeln putzen, waschen, halbieren und in feine Ringe schneiden. Den Speck in ca. 1/2 cm dicke Streifen schneiden. Den Tarteteig auf einer bemehlten Arbeitsfläche so dünn wie möglich (ca. 0,3 cm dick) ausrollen und auf ein mit Backpapier belegtes Backblech legen.

4. Den Teig mehrmals mit einer Gabel einstechen und anschließend mit der Quarkmischung bestreichen. Die Speckstreifen und die Frühlingszwiebeln darauf verteilen. Die Tarte im vorgeheizten Backofen (Mitte) in ca. 5–8 Min. backen – der Teig sollte knusprig und der Belag leicht gratiniert sein. Heiß servieren.

Fischschnacka
mit geräuchertem Lachs und Bibelaskas

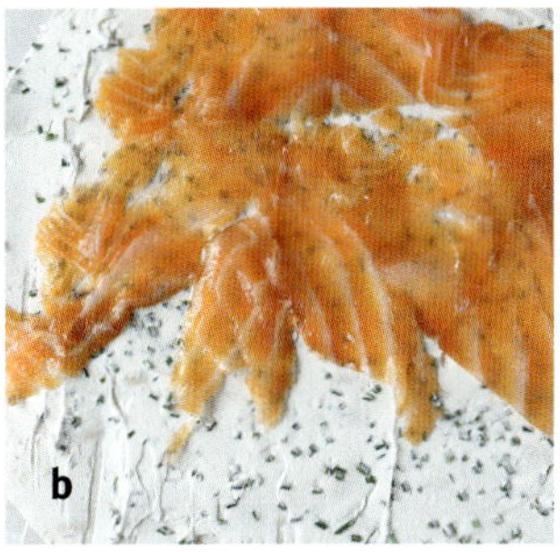
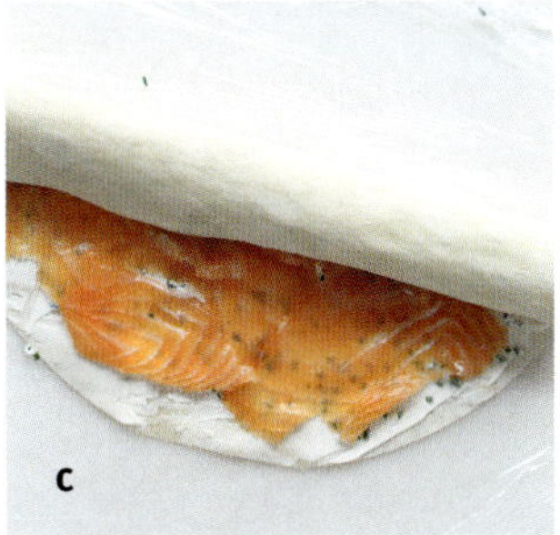

a Die Crêpes auf Frischhaltefolie auslegen und dünn mit der Quarkmischung bestreichen.
b Die dünn aufgeschnittenen Lachsscheiben gleichmäßig darauf verteilen.
c Die Crêpes fest einrollen und dann in Frischhaltefolie wickeln.

Zubereitungszeit 45 Min.
Kühlzeit 1 Std.
Zutaten für 4 Personen

Für den Crêpeteig
100 g Mehl
3 Eier (Größe M)
200 ml Milch
1 große Prise Salz
etwas Öl für die Pfanne

Für die Füllung
200 g Quark | 1 Schalotte
2 Knoblauchzehen
1 Bund Schnittlauch | 1 Bund Dill
Salz | schwarzer Pfeffer
250 g geräucherte Lachsscheiben

1. Den Quark in einem feinmaschigen Sieb abtropfen lassen. Inzwischen für den Crêpeteig das Mehl in eine Schüssel geben, aufgeschlagene Eier, Milch und Salz glatt unterrühren. In einer beschichteten, dünn mit Öl ausgeriebenen Pfanne (ca. 22 cm Ø) nacheinander 4 sehr dünne Crêpes backen.

2. Die Schalotte schälen und in feine Würfel schneiden. Den Knoblauch schälen und klein hacken. Schnittlauch und Dill waschen, trockenschütteln, den Schnittlauch in Röllchen, den Dill klein schneiden. Den abgetropften Quark in eine Schüssel geben, Schalottenwürfel, Knoblauch, Schnittlauch und Dill unterrühren. Mit Salz und Pfeffer abschmecken und kalt stellen.

3. Die Crêpes einzeln nebeneinander auf Frischhaltefolie auslegen, dünn mit Quark bestreichen und die Lachsscheiben darauflegen. Die Crêpes einzeln einrollen, in Frischhaltefolie wickeln und die Folienenden fest verschließen. Die Crêperollen im Kühlschrank ca. 1 Std. ruhen lassen.

4. Anschließend vorsichtig aus der Klarsichtfolie nehmen, mit einem scharfen Messer in 2 cm dicke Scheiben aufschneiden und diese auf Tellern anrichten. Den übrigen Quark (Bibelaskas) zum Eintunken der Crêperöllchen dazuservieren.

MICHAELA PETERS' TIPP

Gut am Vortag vorzubereiten.
»Fischschnaka« leitet sich vom bekannten elsässischen Gericht »Fleischschnacka« (Fleischschnecke) ab. Bei diesem Gericht wird Gehacktes in einen Teig (zumeist ist es ein dünner Nudelteig) eingerollt, die Rolle in Scheiben geschnitten und diese nochmals kurz gebraten oder in einer Brühe gegart.

Bachsaibling auf zweierlei Spargel
mit Zitronen-Schnittlauch-Creme

Zubereitungszeit 1 Std. 15 Min.
Zutaten für 4 Personen

2 Bachsaiblinge oder Forellen (oder 4 Filets, à ca. 80–100 g, an der Haut)
100 g grüner Spargel
100 g weißer Spargel
2 EL Olivenöl + Olivenöl für das Blech
12 Cocktail-Strauchtomaten
Salz | schwarzer Pfeffer

Für die Sauce
1 Schalotte
3 EL Weißweinessig
ca. 6 zerstoßene schwarze Pfefferkörner
50 ml Brühe
1 Bund Schnittlauch
2 EL Sahne
100 g kalte Butter
Saft von 1/2 Zitrone
Salz | schwarzer Pfeffer

1. Den Bachsaibling filetieren (siehe Kochschule, S. 38 f.), die Gräten entfernen und das Filet in gleich große Stücke von ca. 120 g schneiden.

2. Den grünen Spargel waschen, den weißen Spargel schälen; die unteren Enden beider Sorten 1–2 cm abschneiden. Die Spargelstangen auf einer Reibe der Länge nach in dünne Späne hobeln.

3. Für die Sauce die Schalotte schälen, in kleine Würfel schneiden und mit dem Essig und dem gestoßenen Pfeffer in einem kleinen Topf aufkochen. Mit der Brühe auffüllen und etwas einkochen lassen. Den Schnittlauch waschen, trockenschütteln, einige Halme für die Dekoration auf die Seite legen; den übrigen Schnittlauch in Röllchen schneiden.

4. Die Sahne in die eingekochte Brühe gießen und diese erneut einköcheln lassen. Anschließend die kalte Butter stückchenweise einrühren – die Sauce darf nicht mehr kochen. Mit Zitronensaft, Salz, Pfeffer abschmecken und warm stellen.

5. Den Backofen auf 180° vorheizen. Ein Blech mit Olivenöl einpinseln und salzen. Die Fischstücke mit der Hautseite nach oben darauflegen und die Haut mit Öl einpinseln.

6. Die Cocktail-Strauchtomaten waschen und zu 4 Portionen mit je 3 Tomaten an einer Rispe zurechtschneiden. Die Tomaten zu dem Fisch auf das Blech geben, mit Salz und Pfeffer würzen und alles für ca. 5–8 Min. im Ofen garen.

7. Inzwischen in einer Pfanne 2 EL Olivenöl erhitzen und die Spargelspäne kurz darin anbraten; dann salzen und pfeffern und sofort auf Tellern anrichten. Die Haut von dem Bachsaibling abziehen und die Filets auf den Spargel setzen, die Strauchtomaten anlegen. Die Schnittlauchröllchen in die Sauce einstreuen und diese dazuservieren. Als Dekoration einige Schnittlauchhalme auf das Fischfilet legen.

MICHAELA PETERS' TIPP

- **Als Dekoration können Sie auch einige Spargelspäne in heißem Fett frittieren und abgetropft dazulegen.**
- **Die Cocktail-Strauchtomaten im Ofen gegart sind eine schnelle und köstliche Beilage zu mediterranen Gerichten. Wer möchte, kann die Tomaten noch mit etwas Aceto balsamico würzen.**

a

b

e

f

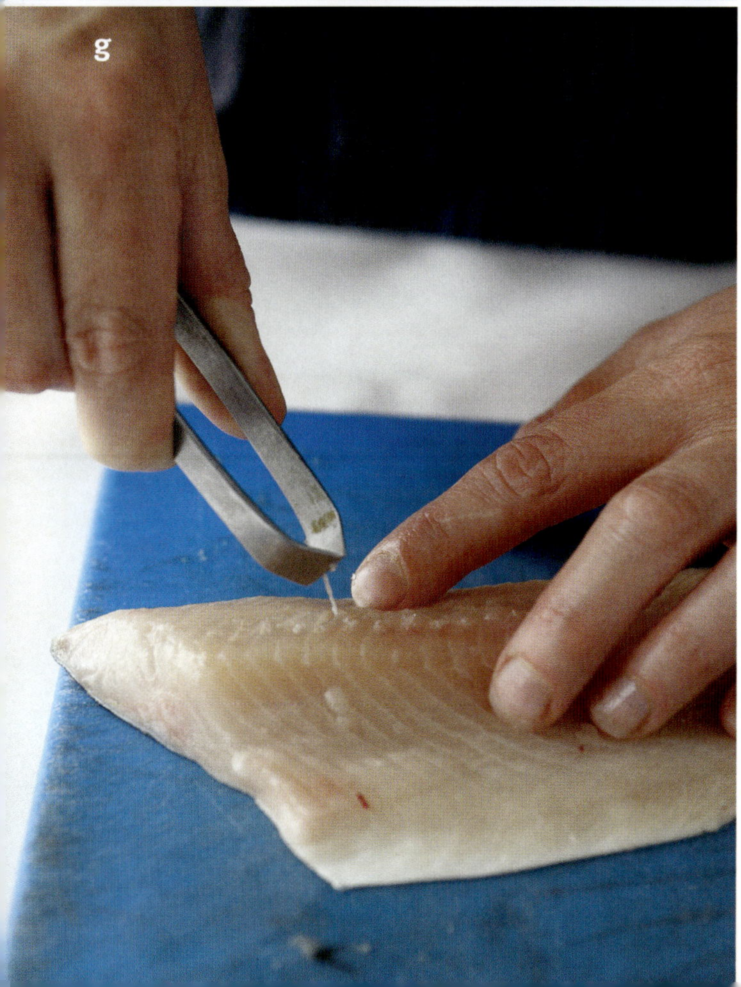

Kochschule:
Forellen über den Rücken filetieren

a Hinter dem Kopf das Filetfleisch mit einem scharfen Messer bis zur Mittelgräte einschneiden.

b Den Fisch über der Mittelgräte vom Kopf bis zur Schwanzflosse einschneiden.

c Das Filetfleisch von der Mittelgräte lösen und aufklappen.

d Den Fisch umdrehen und die andere Filethälfte ebenfalls hinter dem Kopf einschneiden.

e Das Filet von der Mittelgräte mit einem scharfen Schnitt abtrennen.

f Die Filets, die über die Bauchflosse zusammenhängen, aufklappen und mögliche Gräten herauslösen.

g Feine Gräten am besten mit einer Pinzette aus dem Fischfleisch ziehen.

Zander mit Kartoffelschuppen
auf Riesling-Sauerkraut

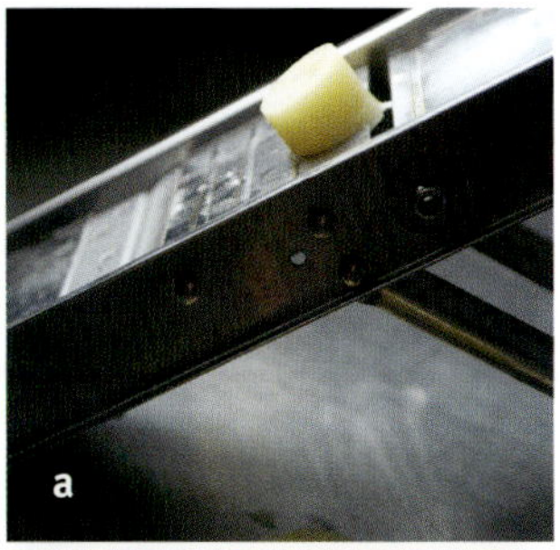

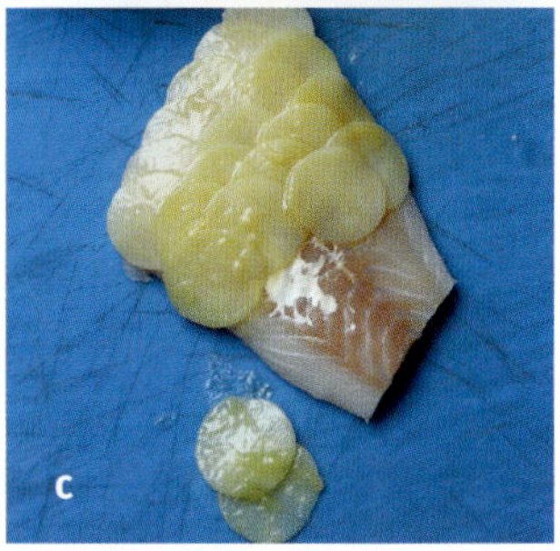

a Für die Kartoffelschuppen die geschälten Kartoffeln auf einer Reibe dünn hobeln.
b Die Kartoffelscheiben zuerst in die warme Stärke-Butter tauchen – so bleiben sie nach dem Erkalten der Butter besser auf dem Fisch haften.
c Die Kartoffelscheiben schuppenförmig auf die Fischfilets schichten.

Zubereitungszeit 50 Min.
Garzeit 1 Std. 30 Min.

Zutaten für 4 Personen

720 g rohes Sauerkraut | 2 Zwiebeln
100 g Gänseschmalz
750 ml trockener Riesling
10 Korianderkörner | 1 Lorbeerblatt
5 Wacholderkörner | 1 Thymianzweig
4 Gewürznelken | 4 große Kartoffeln
170 g Butter | 50 g Kartoffelstärke
600 g Zanderfilet ohne Haut
Salz | schwarzer Pfeffer
200 g Champignons | 200 g Sahne
1 Prise Zucker
1 TL Kümmel nach Geschmack
1 EL Sonnenblumenöl

Außerdem
ein Stück Leinentuch | Küchengarn

1. Das Sauerkraut kalt waschen, in einem Sieb abtropfen lassen und mit den Händen gut ausdrücken. Die Zwiebeln schälen und in Streifen schneiden. In einem großen Topf das Gänseschmalz schmelzen und die Zwiebeln darin glasig anbraten. Sauerkraut kurz mit anschwitzen. Mit Wein ablöschen. Mit Wasser auffüllen, sodass das Kraut bedeckt ist, aufkochen lassen. Die Gewürze in das Leinen binden und hineinhängen. Das Sauerkraut ca. 1 1/2 Std. köcheln lassen.

2. Inzwischen die Kartoffeln schälen, in Zylinderform schneiden und auf einer Reibe dünn hobeln. In einem kleinen Topf 150 g Butter zerlassen und die Kartoffelstärke mit einem Schneebesen einrühren. Den Topf vom Herd nehmen.

3. Das Zanderfilet in 4 Stücke teilen, rundum salzen und pfeffern und mit der ehemaligen Hautseite nach oben auf eine Platte legen. Die Kartoffelscheiben in die Stärke-Butter tauchen und schuppenförmig auf den Fisch legen. Kalt stellen, sodass die Butter wieder fest wird.

4. Ca. 20 Min. von Ende der Garzeit des Sauerkrauts die Champignons putzen und je nach Größe vierteln oder halbieren. Restliche Butter in einem Topf zerlassen und die Champignons darin goldbraun anbraten. Mit der Sahne ablöschen und 5–10 Min. einköcheln lassen. Salzen und pfeffern. Den Backofen auf 200° vorheizen. Das Sauerkraut mit Salz, Pfeffer, Zucker und Kümmel abschmecken.

5. In einer beschichteten Pfanne das Öl erhitzen und die Zanderfilets auf der Kartoffelseite goldbraun anbraten. Vorsichtig wenden und in 2 Min. fertig braten. Je nach Dicke der Filets ca. 5–8 Min. in den Ofen geben. Das Sauerkraut in Schälchen anrichten, die Filets auf Tellern mit der Champignonsauce anrichten.

Presskopf
mit Radieschensalat

Zubereitungszeit 1 Std.
Garzeit ca. 3 Std.
Kühlzeit 12 Std.
Zutaten für 1 Terrinenform von 1 1/2 l

Für den Presskopf
300 g ausgelöster Kalbskopf (z. B. Kalbsbacken, beim Metzger vorbestellen)
1 Schweinshaxe
3 Karotten
1/2 Sellerieknolle
1 große Lauchstange
4 Knoblauchzehen
1 Lorbeerblatt
1 Thymianzweig
1 TL schwarze Pfefferkörner
500 g Kalbsbrust ohne Fett
1 Bund glatte Petersilie
2–3 EL Weißweinessig
Salz | schwarzer Pfeffer

Für den Radieschensalat
2 Bund Radieschen
2 EL Weißweinessig
6 EL Sonnenblumenöl
Salz | schwarzer Pfeffer
etwas Meersalz (z. B. Fleur de sel)

1. Kalbskopf und Schweinehaxe kalt abwaschen und in einem großen Topf mit Wasser bedeckt einmal aufkochen lassen. Wasser abgießen, die Fleischstücke abwaschen und erneut in dem Topf mit Wasser bedecken.

2. Die Gemüse waschen, schälen und dazugeben. Gewürze und Kalbsbrust ebenfalls hinzugeben und alles zum Kochen bringen. Bei geringer Hitze ca. 2 1/2 Std. köcheln, bis sich das Fleisch vom Knochen lösen lässt. Nach knapp 1 Std. das Gemüse aus dem Sud nehmen. Den Lauch entsorgen, das übrige Gemüse erkalten lassen, dann fein würfeln und in eine Schüssel geben.

3. Nach 2 1/2 Std. das Fleisch aus dem Sud nehmen, von den Knochen ablösen und in Würfel schneiden. Die Fleischwürfel zu den Gemüsewürfeln in die Schüssel geben. Den Sud zur Hälfte einkochen lassen – je stärker er reduziert wird, desto intensiver werden Geschmack und Festigkeit des Presskopfs.

4. Inzwischen die Petersilie waschen, trockenschütteln, die Stiele in den Sud geben, die Blättchen fein schneiden und zum Gemüse und Fleisch in die Schüssel geben. Den reduzierten Sud durch ein feines Sieb passieren.

5. Die Masse gut vermengen und mit 2–3 EL Weißweinessig, 250 ml Sud, Salz und Pfeffer kräftig abschmecken. Eine Terrinenform mit Wasser ausspülen, überlappend mit Klarsichtfolie auskleiden und die Masse hineinpressen. Mit der Klarsichtfolie abdecken und mit einem Gewicht beschwert im Kühlschrank für mindestens 12 Std. fest werden lassen.

6. Für den Radieschensalat die Radieschen waschen, in dünne Streifen oder Scheiben hobeln und mit 2 EL Weißweinessig, 6 EL Sonnenblumenöl, Salz und Pfeffer würzen.

7. Die Terrine durch vorsichtiges Ziehen an der Klarsichtfolie aus der Terrinenform lösen und auf ein Brett stürzen. Die Terrine vorsichtig mit einem elektrischen Messer oder einem sehr scharfen, schmalen Messer in Scheiben schneiden und den Radieschensalat dazuservieren. Nach Belieben mit etwas Meersalz bestreuen.

Kartoffelgratin
mit Munster Käse und Blattsalat

Zubereitungszeit 50 Min.
Zutaten für 4 Personen

Für das Kartoffelgratin
12 mittelgroße festkochende Kartoffeln
Salz | 1 Zwiebel
150 g durchwachsener Speck
Butter für die Form
schwarzer Pfeffer
1 Munster Käse (ca. 200 g)

Für den Blattsalat
200 g gemischte Blattsalate
1 EL Senf
1 EL Weißweinessig
4 EL Sonnenblumenöl
6 EL Sahne
Salz | schwarzer Pfeffer

1. Die Kartoffeln waschen und in kochendem Salzwasser garen; dann abgießen, kalt abschrecken, pellen und in Scheiben schneiden.

2. Inzwischen die Zwiebel schälen und ebenso wie den durchgewachsenen Speck in feine Streifen schneiden.

3. Den Backofen auf 180° vorheizen. Die Kartoffelscheiben und die Speck- und Zwiebelstreifen in gefettete feuerfeste Portionsformen schichten und mit Salz und Pfeffer würzen.

4. Den Munster Käse längs in Scheiben aufschneiden und das Kartoffelgratin damit bedecken. Für 10–15 Min. im Backofen gratinieren.

5. Inzwischen den Salat waschen und trockenschleudern. Für die Salatsauce den Senf mit dem Weißweinessig verquirlen, das Sonnenblumenöl dazugeben und die flüssige Sahne unterrühren. Mit Salz und Pfeffer abschmecken.

6. Den Blattsalat mit der Salatsauce vermengen und in einem Schälchen zu dem Kartoffelgratin servieren.

MICHAELA PETERS' TIPP

Munster Käse ist ein typisch elsässisches Produkt, das angeblich von Mönchen erfunden wurde. Der pikante Rotschmierkäse besitzt in vollreifem Zustand einen fast cremigen Käseteig mit einer angenehm säuerlichen Note.

Elsässisches Pot-au-feu
Eintopfgericht

Zubereitungszeit 50 Min.
Garzeit 1 Std. 30 Min.
Zutaten für 4 Personen

Für das Pot-au-feu
1/2 Sellerieknolle
4 Karotten
2 weiße Rüben
1 Lauch
1/2 Weißkohl
2 Zwiebeln
2 Zweige Liebstöckel
1 Bund Petersilie
1 Beinscheibe
500 g Hochrippe
600 g flache Schweineschulter
1 Thymianzweig
1 Lorbeerblatt
Salz | schwarzer Pfeffer

Für den Sahnemeerrettich
150 g Sahne
frisch geriebener Meerrettich oder 1–2 EL Meerrettich aus dem Glas

1. Sellerie, Karotten und Rüben schälen. Den Lauch längs halbieren und gründlich waschen; den Kohl ebenfalls waschen. Die Zwiebeln ungeschält halbieren. Liebstöckel und Petersilie waschen, trockenschütteln, die Blättchen von den Stielen abzupfen, grob schneiden und beiseitelegen. Die Stiele aufheben.

2. Alle Fleischstücke waschen, mit Küchenpapier trockentupfen und mit dem Gemüse, den Gewürzen und den Kräuterstielen in einen großen Topf geben. Mit kaltem Wasser bedecken und aufkochen lassen. Dann die Hitze zurückschalten und den sich an der Oberfläche bildenden Schaum mit einer Schöpfkelle gelegentlich abnehmen. Nach 1 Std. Garzeit das Gemüse aus dem Pot-au-feu herausheben, abtropfen lassen und beiseitelegen. Die Kräuterstiele ebenfalls herausheben und entsorgen.

3. Das Fleisch weitere ca. 1 1/2 Std. köcheln lassen; dann das gare Fleisch aus der Brühe heben. Das Gemüse in Stücke schneiden und zurück in das Pot-au-feu geben. Das Fleisch in Scheiben schneiden, in das Pot-au-feu einlegen und die Suppe mit Salz und Pfeffer würzen. Die geschnittenen Kräuter über das Pot-au-feu streuen.

4. Für den Sahnemeerrettich die Sahne leicht aufschlagen und je nach gewünschter Schärfe Meerrettich untermengen. Das Pot-au-feu im Suppentopf servieren und den Sahnemeerrettich dazureichen.

MICHAELA PETERS' TIPP

Im Elsass werden zum Pot-au-feu verschiedene Rohkostsalate (z. B. Karotte, Sellerie, Rote Beete, Krautsalat) serviert.

Schäufele
mit Kartoffelsalat

Zubereitungszeit 60 Min.
Garzeit 2 Std.
Zutaten für 4 Personen

800 g gepökeltes Schulterstück vom Schwein (alternativ gepökelter Schweinenacken oder Kassler)
1 Bund Suppengrün
1 Zwiebel
4 Gewürznelken
1 Lorbeerblatt
4 Wacholderbeeren
8 mittelgroße festkochende Kartoffeln
2 Knoblauchzehen
1 EL grobes Meersalz
2 EL Senf
6 EL Sonnenblumenöl
1 EL Honig-Gewürz-Essig
4 Frühlingszwiebeln
Salz | schwarzer Pfeffer
Senf zum Servieren

1. Das gepökelte Fleisch in einem mittelgroßen Topf mit Wasser aufkochen lassen. Das Suppengrün putzen, waschen und grob zerkleinern. Die Zwiebel schälen. Die Gewürznelken in die Zwiebel drücken und zusammen mit dem Lorbeerblatt und den Wacholderbeeren zu dem Fleisch geben. Das Fleisch bei geringer Hitze zugedeckt ca. 2 Std. köcheln lassen.

2. Etwa 1 Std. vor Ende der Garzeit die Kartoffeln mit einer Bürste waschen und mit den ungeschälten Knoblauchzehen in einem Topf mit Wasser und etwas grobem Meersalz gar kochen.

3. Für die Salatsauce in einer Schüssel Senf, Sonnenblumenöl und Honig-Gewürz-Essig verrühren. Die Frühlingszwiebeln putzen, waschen, den grünen oberen Teil abschneiden und in feine Ringe schneiden. Die weiße Knolle halbieren und in feine Streifen schneiden.

4. Die Kartoffeln kurz mit kaltem Wasser abschrecken, pellen, etwas abkühlen lassen und in Scheiben schneiden.

5. Die Kartoffeln noch lauwarm in die Salatsauce geben, salzen, pfeffern und die Zwiebelstreifen untermischen. Die Frühlingszwiebelringe darüber verteilen. Das Fleisch aus dem Sud nehmen und in feine Scheiben schneiden, sofort mit dem lauwarmen Kartoffelsalat anrichten und mit Senf servieren.

Unter Schäufele versteht man das flache Schulterstück vom Schwein. Während es im süddeutschen Raum mit der Schwarte langsam im Ofen gegart wird, ist es im Schwarzwald und Elsass Tradition, das gepökelte Stück in einem Sud zu garen.

Baeckaoffa
Elsässischer Schmortopf

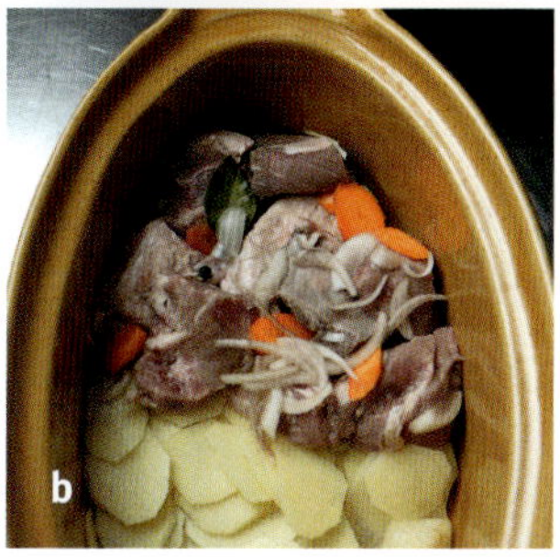

Der Baeckaoffa ist die elsässische Variante des Pichelsteiner. Im Original kommen anstelle des Schweinespecks 4 Schweinsfüße dazu, die dem Gericht erst die richtige Note verleihen.

a Die Kartoffelscheiben in einen Schmortopf einschichten.
b Darauf das Fleisch mit dem Gemüse verteilen. Beim Garen verbinden sich nun sämtliche Aromen.

Zubereitungszeit 30 Min.
Garzeit 2 Std.
Marinierzeit 24 Std.
Zutaten für 4–6 Personen

2 Thymianzweige
2 Petersilienzweige
1 Lorbeerblatt | 1 Knoblauchzehe
200 g Rinderschmorfleisch
200 g Schweineschulter
200 g Lammschulter
150 g ungeräucherter durchwachsener Schweinespeck oder 1 Schweinshaxe
Salz | schwarzer Pfeffer
750 ml trockener Riesling oder Sylvaner
16 mittelgroße festkochende Kartoffeln
2 Karotten | 2 Zwiebeln | 1 Lauchstange
100 g Sellerie | evtl. Brühe

Außerdem
Küchengarn

1. Die Thymian- und Petersilienzweige waschen, trockenschütteln und das Lorbeerblatt und die geschälte Knoblauchzehe damit umwickeln. Mit etwas Küchengarn das Gewürzsträußchen zusammenbinden.

2. Das Fleisch waschen, trockentupfen und in ca. 4 cm große Stücke schneiden. Die Fleischstücke und den Schweinespeck mit dem Gewürzsträußchen sowie etwas Salz und Pfeffer für 24 Std. in dem Weißwein marinieren.

3. Am nächsten Tag Kartoffeln und Karotten schälen und in ca. 0,7 cm dicke Scheiben schneiden. Die Zwiebeln schälen, halbieren und in Streifen schneiden. Die Lauchstange längs halbieren, unter fließendem Wasser gründlich waschen und anschließend in 1 1/2 cm große Würfel schneiden. Den Sellerie schälen und in 1 1/2 cm dicke Scheiben schneiden.

4. Den Backofen auf 180° vorheizen. In einen Schmortopf zunächst die Hälfte der Kartoffelscheiben einschichten. Die Fleischstücke aus der Marinade heben und darauf verteilen. Dann das geschnittene Gemüse darübergeben. Abschließend die übrigen Kartoffelscheiben daraufschichten. Alles gut andrücken und mit der Marinade übergießen – die Marinade sollte die Kartoffeln leicht bedecken; ist dies nicht der Fall, mit etwas Brühe auffüllen. Das Gewürzsträußchen aus der Marinade dazulegen und mit Salz und Pfeffer kräftig würzen.

5. Den Schmortopf zugedeckt für ca. 2 Std. in den Ofen geben. Heiß servieren. Der Schmortopf – im Elsass der Baeckaoffa – wird im Topf serviert.

Civet de biche

Wildragout

Zubereitungszeit 30 Min.
Garzeit 2 Std.
Marinierzeit 24 Std.
Zutaten für 4 Personen

1 kg Hirschkuhschulter oder -keule ohne Knochen (alternativ Hirsch-, Reh- oder Wildschweinschulter/-keule)
1 l trockener Rotwein
2 Lorbeerblätter
6 zerdrückte Wacholderbeeren
1 EL Korianderkörner
2 Karotten
3 Schalotten
3 EL Sonnenblumenöl
2 EL Mehl
1 l Kalbsbrühe (aus dem Glas oder siehe Grundrezept, Seite 188)
16 kleine festkochende Kartoffeln
Salz | schwarzer Pfeffer

1. Das Fleisch parieren, d. h. die Sehnen und silbernen Häute entfernen (oder den Metzger darum bitten). Anschließend in 4 cm große Stücke schneiden und in eine Schüssel geben. Mit dem Rotwein übergießen und die Gewürze zufügen.

2. Die Karotten schälen und in ca. 3 cm dicke Scheiben schneiden. Die Schalotten schälen, vierteln und beide Zutaten zu dem Fleisch geben. Das Ragout abgedeckt 24 Std. marinieren lassen.

3. Am nächsten Tag das Fleisch aus der Marinade heben. In einem Schmortopf 3 EL Sonnenblumenöl erhitzen und das Fleisch darin von allen Seiten scharf anbraten. Anschließend mit dem Mehl bestreuen und kurz mitrösten lassen. Mit der Marinade ablöschen und 2–3 Min. köcheln lassen, dabei die Hitze herunterschalten. Die Kalbsbrühe dazugießen und das Wildragout 2 Std. zugedeckt bei geringer Hitze köcheln lassen. Gelegentlich umrühren.

4. Die kleinen Kartoffeln schälen und 30 Min. vor dem Ende der Garzeit in das Wildragout geben. (Wer möchte, kann die Kartoffeln auch separat in Salzwasser kochen.) Das Ragout mit Salz und Pfeffer abschmecken und servieren.

MICHAELA PETERS' TIPP

- **Ich bevorzuge Hirschkuh- oder Hirschkalbfleisch, da es wunderbar aromatisch und dennoch sehr zart ist.**
- **Das Ragout schmeckt auch mit Spätzle oder Nudeln anstatt mit Kartoffeln köstlich.**

Gefüllter Brie
mit Ziegenkäse und Oliven

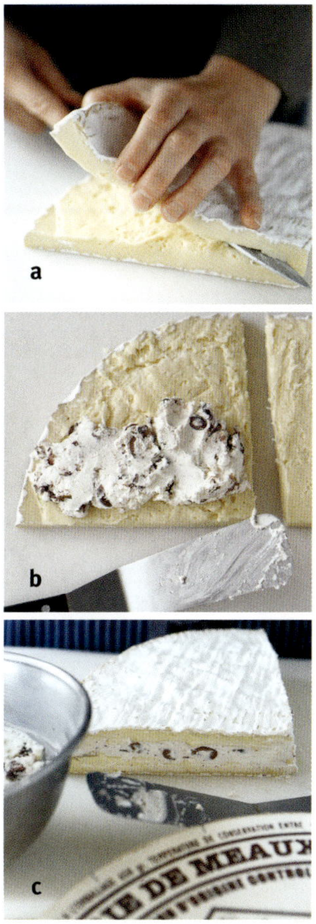

a Den Brie mit einem sehr scharfen Messer horizontal halbieren.
b Den angemachten Ziegenkäse auf der unteren Hälfte glatt verstreichen.
c Die obere Hälfte wieder daraufsetzen und den Brie durchziehen lassen.

Zubereitungszeit 30 Min.
Zeit zum Durchziehen 2–3 Tage
Zutaten für 4 Personen

60 g entsteinte schwarze Oliven
60 g entsteinte grüne Oliven
150 g junger Ziegenkäse
2–3 EL Olivenöl (z. B. das Öl der eingelegten Oliven)
Salz | schwarzer Pfeffer
1/2 Brie de Meaux (ca. 400 g) oder Camembert (alternativ: Coulommiers, Fougeru)

1. Die schwarzen und grünen Oliven mit einem scharfen Messer klein hacken.

2. Den Ziegenkäse mit dem Olivenöl und den gehackten Oliven in eine Schüssel geben und mit einem Kochlöffel zu einer homogenen Masse verrühren; mit Salz und Pfeffer abschmecken.

3. Den Brie mit einem scharfen Messer horizontal halbieren. Den oberen Teil abheben und den Ziegenkäse auf dem Brieboden verteilen. Die obere Briehälfte darauflegen und andrücken. Den Brie in Klarsichtfolie wickeln und 2–3 Tage im Kühlschrank ziehen lassen.

4. Mindestens 1 Std. vor dem Verzehr auspacken und Zimmertemperatur annehmen lassen. Mit frischem Baguette servieren.

MICHAELA PETERS' TIPP

Der Brie gehört neben dem Camembert zu den berühmtesten Weißschimmelkäsesorten. Er hat oft am Rand eine bräunliche Verfärbung. Ein Qualitäts-Brie schmeckt kräftig, aber nicht scharf und hat einen weichen, leicht zerlaufenden Käseteig.

Geschmorte Feigen
mit Lebkuchenbettelmann und Zimtparfait

Zubereitungszeit 45 Min.
Gefrierzeit 12 Std.
Zutaten für 4 Personen

Für das Zimtparfait
150 ml Milch
1 EL gemahlener Zimt
150 g Zucker
5 Eigelbe
350 g Sahne

Für die Feigen
8 Feigen
4 EL Portwein
50 g Zucker

Für den Lebkuchenbettelmann
4 Scheiben Lebkuchen (gibt es als Kastenkuchen im Reformhaus)
1 Ei
150 ml Milch
1 EL Butter

1. Für das Zimtparfait Milch und Zimt in einem Topf erhitzen. Den Zucker mit den Eigelben in einer Metallschüssel verrühren. Dann die warme Milch dazugießen und alles zu einer homogenen Masse verrühren. Die Mischung über einem heißen Wasserbad zur Rose abziehen (siehe Kochschule, S. 98 f.), erkalten lassen.

2. Inzwischen die Sahne steif schlagen und unter die kalte Masse heben. Eine Kasten- oder Terrinenform überlappend mit Folie auskleiden und die Masse hineingießen. Im Gefrierschrank für mindestens 12 Std. gefrieren lassen.

3. Den Backofen auf 180° vorheizen. Die Feigen waschen, in einer kleinen Auflaufform aufstellen und auf der Oberseite kreuzförmig 1 cm tief einschneiden. Den Portwein mit dem Zucker mischen und über die Feigen geben. Die Feigen 10–15 Min. im Backofen schmoren. Zwischendurch immer wieder mit dem Portweinsud aus der Auflaufform übergießen.

4. Für den Lebkuchenbettelmann die Rinde vom Lebkuchen schneiden. Das Ei mit der Milch verrühren. Die Lebkuchenscheiben in der Milch wenden. In einer Pfanne die Butter zerlassen und die Lebkuchenscheiben darin bei geringer Hitze 2 Min. auf jeder Seite goldbraun braten.

5. Die geschmorten Feigen anrichten, mit dem Portweinsud begießen und mit dem Zimtparfait und dem warmen Lebkuchenbettelmann servieren.

MICHAELA PETERS' TIPP

Wichtig bei Feigen sind nur drei Dinge: Frische, Frische, Frische. Ich bevorzuge die violetten Feigen, die mit Zimt eine hervorragende Würzkombination eingehen.

Mousse au chocolat
mit Vanillesauce

Zubereitungszeit 1 Std.
Kühlzeit 2–5 Std.
Zutaten für 4 Personen

Für die Vanillesauce
1/2 Vanilleschote
200 ml Milch
50 g Sahne
3 Eigelbe
50 g Zucker

Für die Mousse au chocolat
220 g Bitterschokolade
500 g Sahne
4 Eigelbe
50 g Zucker

Schokolade lässt man am besten über einem heißen, aber nicht kochenden Wasserbad schmelzen; die Temperatur sollte 55° nicht übersteigen. Die Schokolade löst man unter beständigem Rühren auf; dann nimmt man die Schüssel vom Wasserbad und lässt die Schokolade leicht abkühlen (auf ca. 28°), bevor man sie weiterverarbeitet.

1. Mit einem kleinen Messer die Vanilleschote längs halbieren, das Mark herauskratzen und zusammen mit Milch und Sahne in einem kleinen Topf aufkochen, vom Herd nehmen und lauwarm auskühlen lassen.

2. Die Eigelbe und den Zucker in einer Metallschüssel verrühren. Die warme Milch nach und nach dazugießen und glatt einrühren. Die Milch-Ei-Masse über einem heißen Wasserbad erhitzen und zur Rose abziehen (siehe Kochschule, S. 98 f.). Die Vanillesauce in eine Schüssel abgießen und kalt stellen.

3. Für die Mousse au chocolat die Schokolade in einer Metallschüssel über einem warmen Wasserbad schmelzen lassen; die Schüssel herausnehmen und beiseitestellen. Die Sahne steif schlagen. Eigelbe, Zucker und 2 EL Wasser mit dem Handrührgerät zu einer homogenen Masse aufschlagen. Anschließend die Sahne vorsichtig unterheben.

4. Von der Sahne-Eigelb-Masse ca. 4 EL schnell in die warme Schokolade einrühren. Danach den Rest der Masse in die Schokolade geben und vorsichtig miteinander vermengen. Die Mousse in Portionsschälchen oder Gläser abfüllen und mindestens 2, besser 5 Std. kalt stellen. Mit der Vanillesauce servieren.

Zwetschgenstreusel
mit Milchparfait

Zubereitungszeit 1 Std.
Gefrierzeit 12 Std.
Zutaten für 4 Personen

Für das Milchparfait
150 ml Milch
150 g Zucker
5 Eigelbe
350 g Sahne

Für die Streusel
50 g weiche Butter
50 g Zucker
50 g Mehl
50 g gemahlene Mandeln
24–32 Zwetschgen
Butter für die Form
Zucker

Zur Streuselzubereitung sollte die Butter Zimmertemperatur haben; die Mandeln verleihen den Streuseln eine besondere Note, die gut zu den Zwetschgen passt.

Alle Zutaten schnell krümelig verkneten. Streusel sind ein guter Kuchenbelag, da sie unter der Backhitze dem Kuchen eine Karamellnote geben.

1. Für das Milchparfait die Milch in einem Topf erhitzen. Den Zucker mit den Eigelben in einer Metallschüssel verrühren. Dann die warme Milch dazugießen und alles zu einer homogenen Masse verrühren. Die Mischung über einem heißen Wasserbad zur Rose abziehen (siehe Kochschule, S. 98 f.), erkalten lassen.

2. Inzwischen die Sahne steif schlagen und unter die erkaltete Masse heben. Eine Kasten- oder Terrinenform überlappend mit Folie auskleiden und die Masse hineingießen. Im Gefrierschrank für mindestens 12 Std. gefrieren lassen.

3. Für die Streusel Butter, Zucker, Mehl und Mandeln zu Streuseln verkneten. Die Zwetschgen waschen, halbieren und entsteinen.

4. Den Backofen auf 180° vorheizen. Die Zwetschgenhälften am oberen Rand mit einem Messer 1 cm tief einschneiden, sodass zwei Spitzen entstehen. Kleine Portions-Auflaufformen (ca. 8–9 cm Ø) einbuttern. Die Zwetschgen nebeneinander in die Auflaufformen einlegen und mit 1 Prise Zucker bestreuen. Großzügig die Streusel darauf verteilen und die Zwetschgenstreusel in 15–20 Min. hellbraun backen.

5. Die Zwetschgenstreusel in der Auflaufform mit dem Eis dazuservieren.

Rhabarbertarte
mit Baiserhaube

Zubereitungszeit 35 Min.
Marinierzeit 1 Std.
Backzeit 50 +10 Min.
Zutaten für eine Tarteform von 30 cm Ø

500 g Rhabarber
100 g Zucker
Butter für die Form

Für den Teig
250 g Mehl und Mehl für die Arbeitsfläche
125 g Butter
30 g Zucker
1 große Prise Salz
1 Ei

Für den Eierguss
50 g Zucker
1 Ei
100 g Sahne
100 g Milch

Für den Baiser
3 Eiweiße (Größe L)
70 g Zucker

1. Den Rhabarber putzen, waschen, die Haut abziehen und die Stangen in 1 cm große Würfel schneiden. Die Rhabarberwürfel mit dem Zucker vermengen und mindestens 1 Std. ziehen lassen.

2. Inzwischen Mehl, Butter, Zucker und Salz miteinander zu einem glatten Teig verkneten. Dann das Ei und 50 ml Wasser unterkneten. Den Teig in Frischhaltefolie gewickelt 30 Min. kalt stellen.

3. Den Backofen auf 180° vorheizen. Für den Eierguss Zucker und Ei weißschaumig verrühren. Anschließend Sahne und Milch untermischen. Den Teig auf einer bemehlten Arbeitsfläche ausrollen und eine gebutterte Backform damit auskleiden. Den Teigboden mehrmals mit einer Gabel einstechen.

4. Den Rhabarber in einem Sieb abtropfen lassen, dabei den Saft (siehe Tipp) auffangen. Den Teigboden gleichmäßig mit den Rhabarberwürfeln belegen. Mit dem Eierguss begießen und die Rhabarbertarte für 45–50 Min. im Backofen (Mitte) backen.

5. Etwa 15 Min. vor Ende der Backzeit die Eiweiße mit dem Handrührgerät steif schlagen, dabei den Zucker langsam einrieseln lassen. Die Masse in einen Spritzbeutel füllen und die Tarte komplett damit bedecken. Die Rhabarbertarte erneut für 5–10 Min. in den Ofen geben, bis die Baisermasse eine leichte Bräunung hat.

MICHAELA PETERS' TIPP

- **Etwas frisches Vanillemark in dem Eierguss verleiht der Tarte ein ganz besonderes Aroma.**
- **Den aufgefangenen Rhabarbersaft etwas einköcheln lassen und als Sirup in Getränken oder über Eis verwenden.**

Gestockter Käsekuchen
mit Rosinen

Zubereitungszeit 35 Min.
Kühlzeit ca. 30 Min.
Backzeit 8–10 Min. + 25–30 Min.
Zutaten für 1 Springform
von ca. 24 cm Ø

Für die Füllung
50 g Rosinen
3 EL Rum
2 Eier
25 g Kartoffelstärke
300 g Quark
Saft von 1/2 Zitrone
75 g Zucker

Für den Teig
100 g Puderzucker
150 g weiche Butter
1 Ei
250 g Mehl und Mehl
für die Arbeitsfläche
40 g gemahlene Mandeln
1 große Prise Salz
Butter für die Form

1. Die Rosinen in dem Rum einweichen. Für den Teig Puderzucker und Butter mit dem Handrührgerät vermengen. Dann nacheinander Ei, Mehl, Mandeln und Salz untermischen und zu einem glatten Teig verkneten. Den Teig in Frischhaltefolie wickeln und für ca. 30 Min. kalt stellen.

2. Den Backofen auf 160° vorheizen. Den Teig auf einer bemehlten Arbeitsfläche ausrollen und eine runde, gebutterte Backform damit komplett auskleiden. Den Teigboden mehrmals mit einer Gabel einstechen und für ca. 8–10 Min. goldbraun vorbacken, dann aus dem Ofen nehmen. Anschließend den Ofen auf 150° herunterschalten.

3. Inzwischen für die Füllung die Eier trennen. Die Eigelbe mit der Kartoffelstärke und dem Quark verrühren. Den Zitronensaft dazugießen und unterrühren. Die Rosinen in einem Sieb abtropfen lassen und ebenfalls unterrühren. Die Eiweiße nicht zu steif aufschlagen, dabei den Zucker einrieseln lassen. Die Eiweißmasse unter die Quarkmasse heben und anschließend in die Backform füllen. Den Käsekuchen für 25–30 Min. im Ofen backen.

MICHAELA PETERS' TIPP

Für kleine Kuchen den ausgerollten Teig rund (ca. 9 cm Ø) ausstechen und vorbacken. Dann kleine Tortenringe aufsetzen, mit der Füllung bis zum oberen Rand auffüllen und ca. 10–12 Min. backen.

Vacherin

Baisertorte mit zweierlei Eis

Zubereitungszeit 1 Std.10 Min.
Backzeit 2 Std.
Gefrierzeit 12 Std. je Eissorte
Gefrierzeit Torte 2 Std.
Zutaten für 1 Eistorte

Für das Himbeersorbet
180 g Zucker
500 g Himbeeren
Saft von 1 Zitrone

Für das Vanilleeis
1 Vanilleschote
350 ml Milch
150 g Sahne
150 g Zucker
5 Eigelbe

Für die Baisermasse
8 Eiweiße (Größe M)
100 g Puderzucker
250 g Zucker

Außerdem
250 g Sahne

1. Für das Himbeersorbet den Zucker mit 100 ml Wasser zu einem Sirup aufkochen und auskühlen lassen. Himbeeren, Zitronensaft und Sirup mit einem Stabmixer pürieren und in der Eismaschine gefrieren.

2. Für das Vanilleeis die Vanilleschote mit einem scharfen Messer längs aufschneiden und das Vanillemark herauskratzen. Mark und Schote in die Milch geben und zusammen mit der Sahne in einem Topf aufkochen, lauwarm auskühlen lassen. Zucker und Eigelbe in einer Metallschüssel verrühren. Die Vanilleschote aus der Milch heben. Die warme Vanille-Milch nach und nach unter ständigem Rühren zu den Eigelben gießen. Die Vanillemischung über einem heißen Wasserbad zur Rose abziehen (siehe Kochschule, S. 98 f.). Auskühlen lassen und in der Eismaschine gefrieren.

3. Den Backofen auf 110° vorheizen. Die Eiweiße mit einem Handrührgerät steif schlagen, dabei den Puderzucker nach und nach einrieseln lassen. 2 Min. weiterschlagen, dann den Zucker dazugeben und kurz und schnell unterrühren – nicht zu lange weiterschlagen, sonst fällt die Baisermasse in sich zusammen.

4. Die Baisermasse in einen Spritzbeutel füllen und auf ein mit Backpapier belegtes Backblech 2 Streifen à 8 x 25 cm aufspritzen. Sollte noch Baisermasse übrig sein, zur Sicherheit einen weiteren Streifen spritzen. Die Baiserstreifen ca. 2 Std. im Ofen trocknen lassen.

5. Zum Zusammensetzen des Vacherin die beiden gefrorenen Eissorten vorsichtig auf einem Baiserstreifen nebeneinander ca. 4 cm hoch verstreichen. Mit dem 2. Baiserstreifen bedecken und diesen vorsichtig andrücken. Den Vacherin für mind. 2 Std. ins Gefrierfach stellen.

6. Vor dem Servieren die Sahne mit einem Handrührgerät steif schlagen. Den Vacherin mit einem Brotmesser in gleich große Scheiben aufschneiden und mit der Sahne servieren.

Meine Cross-over-Küche

ancel
Azura

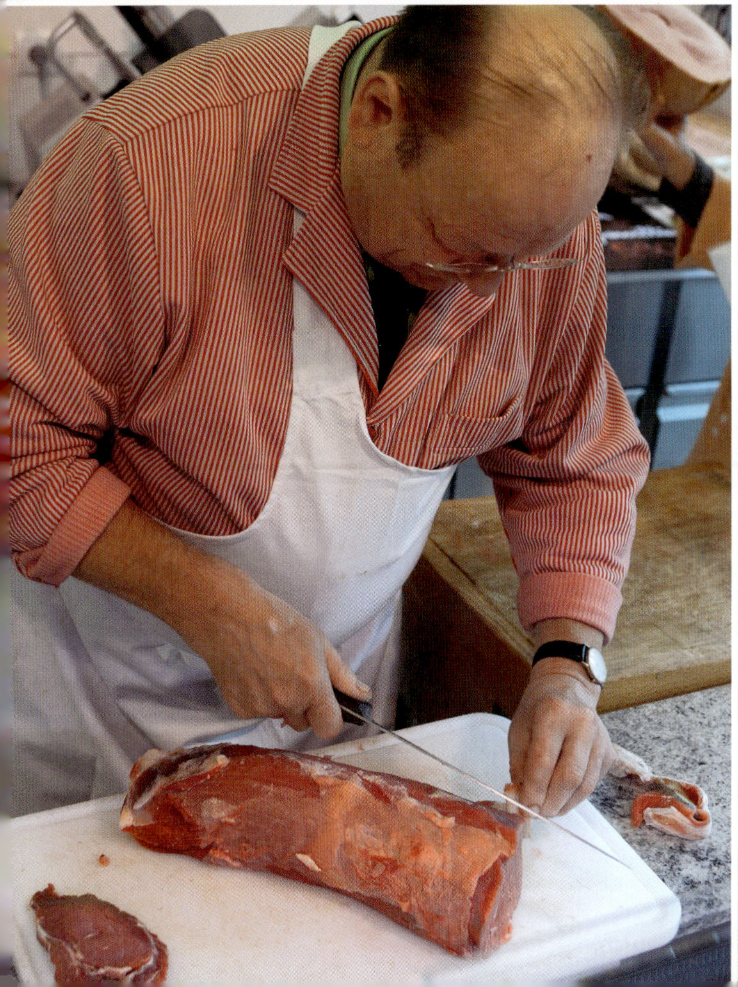

Victoria
Maltaises de Tunisie

Meine Cross-over-Küche

KULINARISCH können wir heutzutage aus dem Vollen schöpfen wie noch nie zuvor. Frische Zutaten aus aller Herren Länder und ungewöhnliche Aromen, die uns beim Kochen und Genießen ganz neue **Geschmackserlebnisse** eröffnen, sind heute überall und jederzeit in guter Qualität zu bekommen. Die Kunst meiner Cross-over-Küche besteht darin, Elemente der klassisch **französischen** Küche mit diesen **exotischen** Einflüssen so zu kombinieren, dass Geschmack und Ästhetik eine harmonische Verbindung eingehen.

Roher Spargelsalat
im Brotmantel mit Parmaschinken

Zubereitungszeit 25 Min.
Zutaten für 4 Personen

1 Baguette vom Vortag (ca. 30 cm lang), oder ein Kastenweißbrot
200 g weißer Spargel
200 g grüner Spargel
1 Bund Estragon
250 g Rucolasalat
3 EL bestes Olivenöl
1–2 EL Aceto balsamico
Salz | schwarzer Pfeffer
2 EL Butter
200 g Parmaschinken in Scheiben

Außerdem
4 Zahnstocher

1. Das Baguette längs mit der Aufschnittmaschine oder einem scharfen Messer in 4 dünne Scheiben schneiden. Die dünnen Scheiben zu einem Kreis formen und an den Enden leicht überlappend mit einem Zahnstocher zusammenstecken. An einem trockenen Ort lagern.

2. Den weißen Spargel ganz schälen und den grünen Spargel waschen, von beiden Sorten die unteren holzigen Enden ca. 1–2 cm abschneiden. Anschließend die Spargelstangen längs auf einer Reibe in dünne Streifen hobeln oder vorsichtig mit einem scharfen Messer längs aufschneiden.

3. Den Estragon waschen, trockenschütteln, die Blättchen abzupfen und klein schneiden. Den Rucolasalat waschen und trockenschleudern. Aus Olivenöl, Aceto balsamico, Salz und Pfeffer eine Salatmarinade herstellen und den Rucolasalat damit anmachen.

4. In einer Pfanne die Butter zerlassen und die Spargelstreifen leicht anschwitzen, der Spargel sollte leicht Farbe annehmen. Mit Salz und Pfeffer würzen, dann den geschnittenen Estragon dazugeben.

5. Den Brotkranz auf einen Teller legen, den Rucolasalat hineingeben und den Spargel darüber verteilen. Mit dem Parmaschinken vollenden.

MICHAELA PETERS' TIPP

- **Ein Wort zum Olivenöl: Gerade für Salate sollte es nur beste Qualität haben, also ein extra natives Öl sein. Dieses wird aus ausgewählten, in aller Regel frisch geernteten Oliven mittels Kaltpressung gewonnen. Natürlich haben gute Olivenöle ihren Preis, meiner Ansicht nach allerdings eine lohnende Investition.**
- **Das Baguette lässt sich besonders gut leicht angefroren schneiden.**

Sardinenterrine
mit Ziegenkäsecappuccino und Honigvinaigrette

a Zuerst die Sardinen mit der Hautseite nach unten auf den leicht gelierten Fischfond verteilen.
b Eine dünne Schicht Basilikumblätter auflegen.
c Dann mit den Tomaten bedecken und diese erneut mit Basilikum belegen.

Zubereitungszeit 1 Std. 20 Min.
Marinierzeit 24 Std.
Kühlzeit 12 Std.
Zutaten für 4–6 Personen

Für die Sardinenmarinade
1 Bund Dill | 200 ml Olivenöl | 200 ml Zitronensaft | 1 EL weiße Pfefferkörner
1 Lorbeerblatt | 1 TL Korianderkörner

Für die Sardinenterrine
24 Sardinenfilets | 2 EL grobes Meersalz
20 getrocknete Tomaten in Öl
2 Bund Basilikum | 15 Blatt Gelatine
500 ml Fischfond (aus dem Glas oder siehe Grundrezept, Seite 189)
Salz | schwarzer Pfeffer

Für die Honigvinaigrette
1 EL Blütenhonig
1 TL mittelscharfer Senf
50 g Sahne
1 EL Crème fraîche
150 g gemischte Blattsalate

Für den Ziegenkäsecappuccino
100 ml Milch
100 g Sahne
50 g junger Ziegenkäse
Salz | schwarzer Pfeffer

1. Dill putzen, waschen, trockenschütteln und mit den restlichen Marinadezutaten aufmixen. Sardinenfilets waschen, trockentupfen und rundum mit der Marinade bestreichen. In eine flache Schale legen und mit grobem Meersalz bestreuen. Mit Frischhaltefolie bedeckt 24 Std. im Kühlschrank marinieren.

2. Getrocknete Tomaten aus dem Öl nehmen und trockentupfen. Basilikum waschen, trockentupfen, die Blätter abzupfen. Die Gelatine in kaltem Wasser einweichen. Den Fischfond aufkochen, die Gelatine ausdrücken und im heißen (nicht kochenden!) Fischfond auflösen. Salzen, pfeffern, auskühlen lassen.

3. Eine Terrinenform überlappend mit Frischhaltefolie auslegen. Marinade von den Sardinen abstreifen, dann abtupfen. Fischfond ca. 1 cm hoch in die Form gießen. Den Boden mit Sardinen (Hautseite nach unten) auslegen. Es folgen je 1 Schicht Basilikum, Tomaten, Basilikum, Sardinen und so weiter. Auf die Schichten etwas Fischfond gießen, jede Schicht gut andrücken. Mit Frischhaltefolie verschließen, mit einem Gewicht beschwert mind. 12 Std. kalt stellen.

4. Alle Zutaten für die Honigvinaigrette verrühren. Salat waschen, trockenschleudern und mit der Honigvinaigrette anmachen. Alle Zutaten für den Ziegenkäsecappuccino mit einem Mixer aufschäumen, kalt stellen. Die Terrine mit der Folie vorsichtig aus der Form ziehen, aufschneiden und mit dem Salat auf Tellern anrichten. Den Ziegenkäsecappuccino aufmixen und dazuservieren.

Croque Monsieur
Gefülltes Sandwich mit Taschenkrebsfleisch

Meine Interpretation des klassischen französischen Sandwiches Croque Monsieur.

a Das Auge isst mit: Daher die Rinde des Toasts an allen Kanten gerade abschneiden.
b Die Toastscheiben gleichmäßig mit der Taschenkrebsmasse bestreichen.
c Die Toasts panieren und dann ausbacken. Am besten schmeckt der Croque direkt aus dem Ofen serviert.

Zubereitungszeit 30 Min.
Zutaten für 4 Personen

250 g Taschenkrebsfleisch (alternativ: kleine Shrimps zerkleinern)
75 g Crème fraîche
50 g geriebener Parmesan
Salz | schwarzer Pfeffer
2 Zitronenthymianzweige
8 Scheiben Toastbrot
50 g Mehl
2 Eier
200 g Paniermehl
2 EL Sonnenblumenöl
1 EL Butter

1. Das Taschenkrebsfleisch in einer Schüssel mit Crème fraîche und Parmesan vermischen. Mit Salz und Pfeffer abschmecken. Den Zitronenthymian waschen, trockenschütteln, die Blättchen abzupfen und ebenfalls untermischen.

2. Je 2 EL der Taschenkrebsmasse in die Mitte einer Toastbrotscheibe geben, mit einer zweiten Scheibe Toast bedecken und an den Kanten fest zusammendrücken. Den Backofen auf 180° vorheizen.

3. Die geschlossenen Toasts erst in Mehl, dann in den verquirlten Eiern und schließlich im Paniermehl wenden. Die Panade gut andrücken und ein weiteres Mal panieren.

4. In der Pfanne das Öl und die Butter erhitzen und die panierten Toasts darin goldbraun anbraten. Anschließend für ca. 5 Min. in den Ofen geben. Die Toasts aus dem Ofen nehmen, diagonal halbieren und mit etwas Salat servieren.

Gefülltes Baguette
mit frischen Pilzen und Schinkenchips

Zubereitungszeit 1 Std.
Zutaten für 4 Personen

800 g frische, gemischte Pilze (z. B. Pfifferlinge, Shiitake-Pilze, Champignons)
1 l Geflügelbrühe (aus dem Glas oder siehe Grundrezept, Seite 188)
100 g Sahne
Salz | schwarzer Pfeffer
8 Scheiben luftgetrockneter Knochenschinken
1 Bund glatte Petersilie
2 Schalotten
2 EL Butter
1–2 Baguette

Einfach und dennoch immer wieder wirkungsvoll: Schinkenchips werden nur auf Backpapier aufgelegt und im Ofen ausgebacken. Und wie immer ist das A und O die Qualität des verwendeten Schinkens. Sie ist für die Köstlichkeit des Gerichts entscheidend.

1. Die Pilze putzen, die Stielenden abschneiden; nur bei starker Verschmutzung kurz kalt abwaschen und auf Küchenpapier abtropfen lassen. Je nach Größe die Pilze vierteln oder halbieren. Den Backofen auf 160° vorheizen.

2. Die Geflügelbrühe zum Kochen bringen und die Pilze darin je nach Größe ca. 2–5 Min. garen, herausnehmen und in einem Sieb abtropfen lassen. Von der Geflügelbrühe 250 ml abnehmen und in 10–15 Min. einkochen lassen. Die Sahne dazugießen, aufkochen lassen, mit Salz und Pfeffer abschmecken. Für die Schinkenchips die Schinkenscheiben auf einem mit Backpapier belegten Blech in ca. 10 Min. im Backofen trocknen – Achtung: keine Umluft verwenden!

3. Die Petersilie waschen, trockenschütteln, einige Blättchen für die Dekoration beiseitelegen. Die übrige Petersilie grob schneiden. Die Schalotten schälen und würfeln. In einer Pfanne 2 EL Butter zerlassen und die Schalotten anschwitzen. Die Pilze dazugeben und mitbraten. Salzen, pfeffern, die geschnittene Petersilie darüberstreuen.

4. Das Baguette in ca. 18 cm lange Stücke schneiden und halbieren. Die Unterhälfte aushöhlen, auf Tellern anrichten und mit Pilzen füllen. Die Sauce mit dem Stabmixer aufschäumen und den Schaum über die Pilze geben. Die Schinkenchips in das Pilzragout stecken. Den Deckel des Baguettes schräg darüberlegen und mit Petersilienblättchen dekoriert servieren.

Kabeljau-Zucchini-Spieße
mit Sesampanade und Pesto

Zubereitungszeit 45 Min.
Zutaten für 4 Personen

500 g Kabeljaufilet ohne Haut
1–2 Zucchini
4 EL Olivenöl
Salz | schwarzer Pfeffer
50 g Sesamsaat
4 Stangen Zitronengras, alternativ 4 Holzspieße

Für das Pesto
2 Bund Basilikum
2 Knoblauchzehen
50 g Pecorino, alternativ Parmesan
6 EL bestes Olivenöl
2 EL geröstete Pinienkerne
Salz | schwarzer Pfeffer

Die Spießchen lassen sich sehr leicht herstellen. Immer im Wechsel die beiden Produkte aufspießen. Zitronengras als Spieß verleiht dem Gericht noch eine besondere Note.

Die Spießchen schmecken als Vorspeise zu bunten Blattsalaten oder auch als Hauptgericht mit Reis als Beilage.

1. Das Kabeljaufilet waschen, trockentupfen und in 16 gleich große Würfel schneiden. Die Zucchini waschen und in 20 nicht zu dünne runde Scheiben schneiden. In einer Pfanne 2 EL Olivenöl erhitzen und die Zucchinischeiben darin von beiden Seiten ca. 1 Min. anbraten, ohne sie Farbe annehmen zu lassen – die Zucchini sollten noch knackig sein. Mit Salz und Pfeffer würzen.

2. Die Kabeljauwürfel ebenfalls mit Salz und Pfeffer würzen und von allen Seiten in der Sesamsaat wenden, dabei die Körner gut andrücken. Das Zitronengras von den äußeren Blättern befreien. Den Backofen auf 180° vorheizen.

3. Die Zucchinischeiben und die Kabeljauwürfel abwechselnd auf dem Zitronengras aufspießen. Mit den Zucchinischeiben beginnen und ebenso mit den Zucchinischeiben abschließen. Die Kabeljauspieße auf ein mit 1–2 EL Olivenöl gefettetes Blech legen und für 10–15 Min. in den Ofen geben.

4. Inzwischen für das Pesto das Basilikum waschen, trockenschütteln und die Blätter abzupfen. Den Knoblauch schälen und den Pecorino in grobe Stücke schneiden. Anschließend alle Zutaten mit einem Stabmixer auf hoher Stufe zu einem Pesto pürieren und mit Salz und Pfeffer abschmecken. Die Spieße mit dem Pesto servieren.

Gefüllte Seeteufeltaschen
mit Ratatouille auf Zucchinispaghetti

Der Seeteufel, auch Lotte genannt, zählt zu den besten Speisefischen überhaupt. Durch sein grimmiges Äußeres sollte man sich nicht vom Genuss dieses hervorragenden Fisches abhalten lassen.

a **Die Filets in gleich große Stücke schneiden.**
b **Vorsichtig Taschen in die Medaillons einschneiden.**
c **Das Ratatouille in die Taschen füllen und die Medaillons durch Andrücken gut verschließen.**

Zubereitungszeit 45 Min.
Zutaten für 4 Personen

Für das Ratatouille
1/2 Zwiebel | je 1/2 rote, grüne und gelbe Paprika | 1 kleine Aubergine
3 große Strauchtomaten
1 Knoblauchzehe
1 Thymianzweig
4 EL Olivenöl
Salz | schwarzer Pfeffer

Außerdem
4 Zucchini
500 g Seeteufelfilet ohne Haut

1. Die Zwiebel schälen und fein würfeln. Die Paprikaschoten waschen, halbieren, das Kerngehäuse entfernen, die Hälften nochmals abwaschen und in gleich große Würfel schneiden. Die Aubergine waschen und ebenfalls würfeln.

2. Die Tomaten für ca. 10 Sek. in kochendes Wasser tauchen, in kaltem Wasser abschrecken und die Haut abziehen. Die Tomaten vierteln, das Kerngehäuse entfernen und das Fruchtfleisch würfeln. Die Knoblauchzehe schälen und klein hacken. Den Thymian waschen, trockenschütteln und die Blättchen abzupfen.

3. In einem Topf oder Wok 2 EL Olivenöl erhitzen, die Zwiebeln darin anschwitzen, Paprikawürfel und Knoblauch dazugeben und ca. 5 Min. anschwitzen. Auberginenwürfel und Thymian hinzufügen, 5 Min. mitbraten. Zuletzt die Tomatenwürfel kurz miterhitzen, salzen und pfeffern. Das Ratatouille in ein Sieb geben, dabei den Saft in einem mittelgroßen Topf auffangen. Das Ratatouille erkalten lassen.

4. Die Zucchini waschen und nur den äußeren Teil längs auf einer Reibe in dünne, lange, spaghettiähnliche Streifen hobeln. Das Kerngehäuse entfernen.

5. Das Seeteufelfilet in 4 gleich große Stücke schneiden. Mit einem scharfen Messer Taschen in das Filet schneiden. Die Seeteufeltaschen mit dem Ratatouille füllen und durch Andrücken wieder gut verschließen. In einer beschichteten Pfanne 2 EL Olivenöl erhitzen und die Seeteufeltaschen 2 Min. pro Seite anbraten, mit Salz und Pfeffer würzen.

6. Inzwischen die Zucchini-Spaghetti in dem Topf mit dem aufgefangenen Ratatouille-Saft erhitzen, ca. 1 Min. köcheln lassen, salzen und pfeffern. Die Zucchini-Spaghetti mit den Seeteufeltaschen auf Tellern anrichten.

Millefeuille vom Schellfisch
mit Limettenmayonnaise und Kräutern

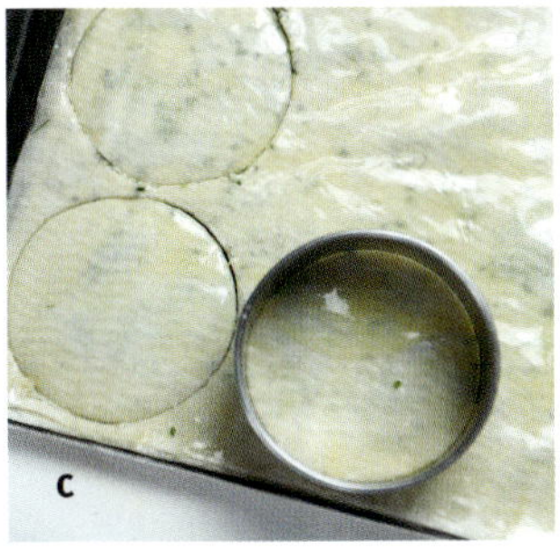

Ein Klassiker der französischen Küche, modern abgewandelt: Anstelle des Blätterteigs verwende ich den weitaus einfacher zu verarbeitenden Filoteig.

a Die Filoteig-Blätter mit jeweils einer Butterschicht auf ein Backblech übereinanderlegen.
b Auf der 7. Teigplatte die Kräuter verteilen, dann mit der letzten Teigplatte abdecken.
c Aus den Teigblättern Kreise ausschneiden und diese dann kurz backen.

Zubereitungszeit 1 Std.
Backzeit 10–15 Min.
Zutaten für 4 Personen

400 g Schellfischfilet oder Pollack
Olivenöl
1 Bund Estragon
Salz | schwarzer Pfeffer
1 EL glatte Petersilie
1 EL Dill | 1 EL Schnittlauch
150 g Butter
8 Filoteig-Blätter
Saft von 2 Limetten
100 g Mayonnaise

1. Den Backofen auf 180° vorheizen. Den Fisch waschen, trockentupfen, auf ein mit Olivenöl gefettetes Backblech legen und mit Olivenöl bestreichen. Den Estragon waschen, trockenschütteln, die Blättchen zupfen, fein schneiden und 1 EL davon beiseitelegen. Den Fisch mit Salz, Pfeffer und dem übrigen Estragon würzen und je nach Dicke des Filets 8–12 Min. in den Backofen geben. Sobald eine weiße Flüssigkeit aus dem Filet austritt, herausnehmen und auskühlen lassen. Petersilie, Dill und Schnittlauch mit dem restlichen Estragon mischen.

2. Für das Millefeuille die Butter in einem Topf zerlassen. Ein Backblech mit etwas Butter einpinseln. Ein Filoteig-Blatt darauflegen, großzügig mit der flüssigen Butter einpinseln, ein zweites Blatt darüberlegen und erneut einpinseln. Insgesamt 7 Filoteig-Blätter übereinander legen, dabei die einzelnen Schichten immer großzügig mit Butter einpinseln. Auf die 7. Teigschicht ca. 1 TL der fein geschnittenen Kräuter auf der Butter verteilen, die letzte Teigschicht darüberlegen und ebenfalls mit Butter einpinseln.

3. Mit Hilfe eines runden Gegenstandes Kreise (ca. 8 cm Ø) aus dem Teig herausschneiden. Die Teigkreise für 10–15 Min. im Backofen backen; keine Umluft verwenden, sonst verteilen sich die Blätter im ganzen Ofen!

4. Limettensaft und die übrigen Kräuter in die Mayonnaise geben. Den Fisch grob zerteilt mit der Mayonnaise vermengen, kräftig mit Salz und Pfeffer würzen. Die gebackenen Filoteig-Schichten so auseinandernehmen, dass jeweils 2 Blätter zusammenbleiben. Die Fisch-Mayonnaise vorsichtig (die Blätter sind sehr zerbrechlich) auf je 3 Unterteile streichen. Die Schichten übereinanderlegen und die letzten 2 Blätter mit den Kräutern als Deckel benutzen. Sofort servieren.

Cordon bleu vom Kalbsrücken
mit Kalbsnieren auf Kohlrabi-Fettuccine

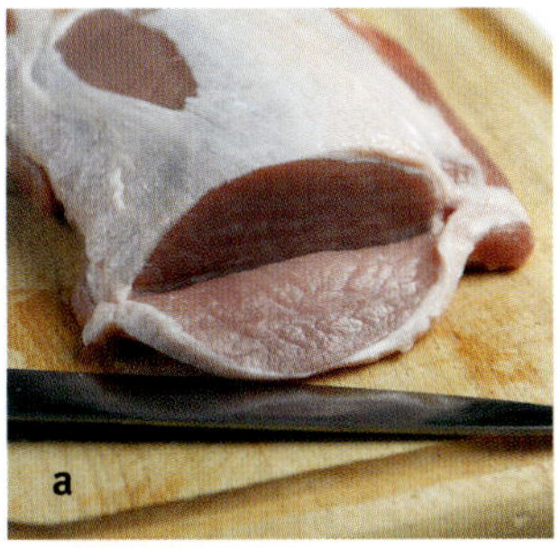

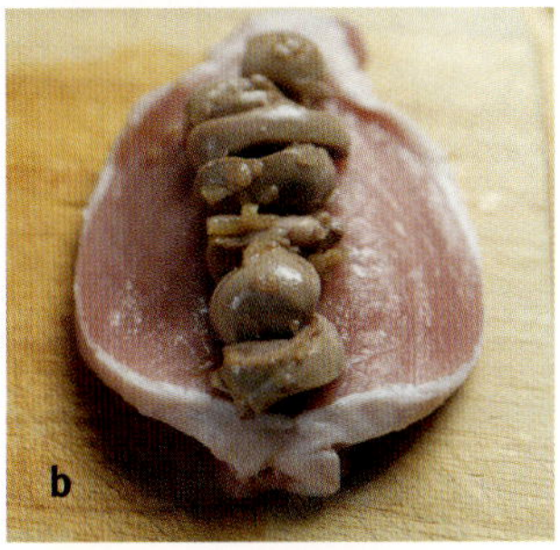

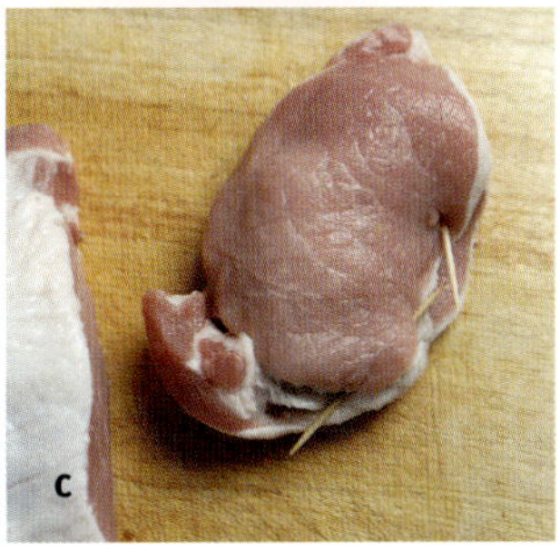

a Im ausgelösten Kalbsrücken dünn eine Scheibe einschneiden, aber nicht ganz durchtrennen. Die zweite Hälfte dann durchschneiden.
b Das Cordon bleu mit der Nierenmischung füllen.
c Zusammenklappen und mit Zahnstochern verschließen.

Zubereitungszeit 1 Std. 15 Min.
Zutaten für 4 Personen

200 g Kalbsnieren, pariert (von Sehnen und Fett befreit)
1 Zwiebel
3–4 EL Sonnenblumenöl
2 EL Cognac
600 g Kalbsrückenfilet
2 Eier
100 g Mehl
100 g Paniermehl
2 Kohlrabis
1 EL Butter

Außerdem
4 Zahnstocher

1. Die Kalbsnieren in feine Scheiben schneiden. Die Zwiebel schälen, halbieren und in feine Streifen schneiden. In einer Pfanne 1 EL Sonnenblumenöl erhitzen und die Kalbsnieren ca. 1 Min. darin anbraten. Die Zwiebelstreifen dazugeben, mit anschwitzen, kurz wenden und mit dem Cognac ablöschen. Die Kalbsnieren mit den Zwiebelstreifen auf Küchenpapier abtropfen lassen.

2. Mit einem scharfen Messer das Kalbsrückenfilet in 4 Taschen schneiden, mit den Kalbsnieren füllen und mit Zahnstochern verschließen. Die Eier in einer Schüssel verquirlen. Die Kalbsrückentaschen zuerst im Mehl, dann in den verquirlten Eiern und zuletzt in dem Paniermehl wenden. Die Panade gut andrücken. In einer beschichteten Pfanne 1–2 EL Sonnenblumenöl erhitzen und die panierten Kalbs-Cordons-bleus darin von beiden Seiten ca. 4 Min. goldbraun braten.

3. Die Kohlrabis schälen und in ca. 1/2 cm dicke Scheiben schneiden. Die Kohlrabischeiben mit einem Sparschäler rundherum in dünne Kohlrabi-Fettuccine schälen. In einem Topf 100 ml Wasser und 1 EL Butter zusammen mit den Kohlrabi-Fettuccine einmal aufkochen und mit Salz und Pfeffer würzen. Die Kohlrabi-Fettuccine aus dem Wasser herausheben und in kleinen Schälchen anrichten. Das Cordon bleu leicht schräg halbieren und mit den Fettuccine servieren.

Gebratene Entenbrust
mit Sojasprossen und Chili im Bananenblatt

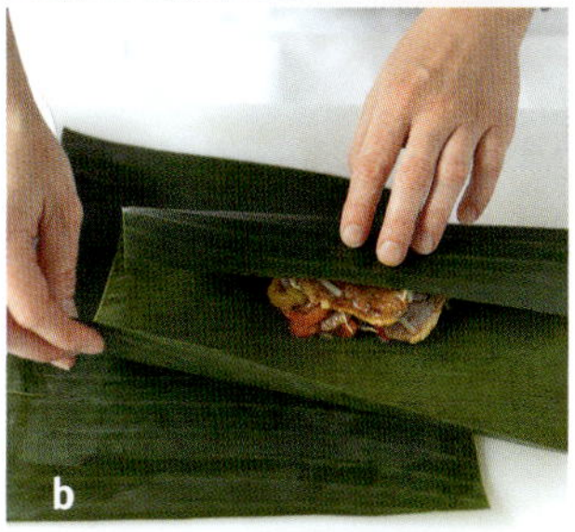

Die Arbeitsschritte 1, 2 und 4 lassen sich gut am Vortag erledigen.

a In die Mitte des gewaschenen Bananenblatts die Füllung geben.
b Das Blatt erst längsseitig über der Füllung zusammenfalten.
c Dann die Enden wie zu einem Päckchen darüberschlagen.

Zubereitungszeit 45 Min.
Zutaten für 4 Personen

Für die gebratene Entenbrust
je 1 rote, grüne und gelbe Paprika
3 EL Olivenöl | 1 Prise grobes Meersalz
1 Rosmarinzweig
150 g Sojasprossen | 2 Entenbrüste
1 TL Sesamöl | 2 EL dunkele Sojasauce
Salz | Cayennepfeffer | 4 Bananenblätter
etwas Sonnenblumenöl zum Bestreichen der Päckchen

Für ca. 250 ml Sauce
10 Korianderkörner
5 Kardamomkörner
1 Zimtstange
1 Stängel Zitronengras
100 g Akazienhonig
100 ml Aceto balsamico
500 ml Entenfond (aus dem Glas)
Salz | schwarzer Pfeffer

1. Den Backofen auf 220° vorheizen. Paprikaschoten waschen, in eine Auflaufform legen und mit dem Olivenöl, groben Meersalz und dem Rosmarinzweig im Backofen ca. 10 Min. rösten. Aus dem Ofen nehmen und mit Alufolie abgedeckt auskühlen lassen. Die Sojasprossen in einem Sieb unter fließendem Wasser waschen und abtropfen lassen. Paprika längs halbieren, entkernen und die Haut von den Hälften abziehen. Das Fruchtfleisch in feine Streifen schneiden.

2. Die Entenbrust mit dem Hautfett in Streifen schneiden. In einer Pfanne 1 TL Sesamöl erhitzen und das Fleisch von jeder Seite ca. 2 Min. bei großer Hitze scharf anbraten, mit Sojasauce ablöschen. Sojasprossen und Paprikastreifen dazugeben und mit Salz und Cayennepfeffer abschmecken. Den Backofen auf 180° vorheizen.

3. Für die Sauce Koriander, Kardamom, Zimtstange und Zitronengras in dem Akazienhonig in einem Topf ca. 2 Min. hellbraun karamellisieren lassen. Mit Aceto balsamico ablöschen, 1 Min. einkochen lassen und mit Entenjus auffüllen. Die Saucen auf die Hälfte einkochen lassen und mit Salz und Pfeffer abschmecken. Anschließend die Sauce durch ein feines Sieb passieren.

4. Das fertige Geschnetzelte in ein gewaschenes Bananenblatt wie ein Päckchen einpacken. Mit der Verschlussseite nach unten in eine Auflaufform legen und mit Öl bestreichen und für ca. 3–4 Min. in den Backofen geben.

5. Das Bananenblatt auf der Oberseite aufschneiden und das Geschnetzelte in dem Bananenblatt angerichtet mit der heißen Sauce servieren.

Gebratenes Rehfilet
mit Frühlingsrollen und Gewürzsauce

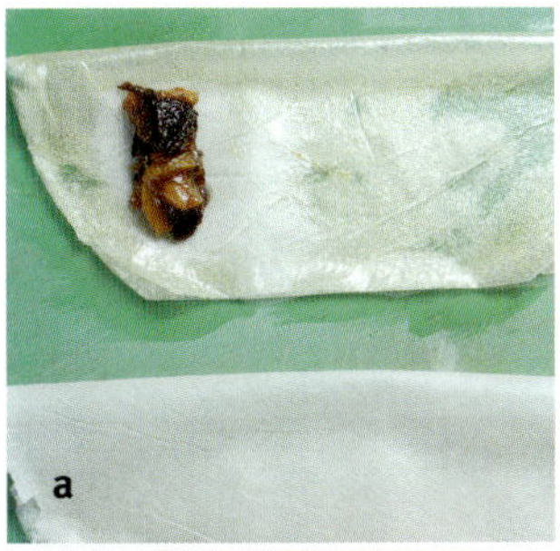
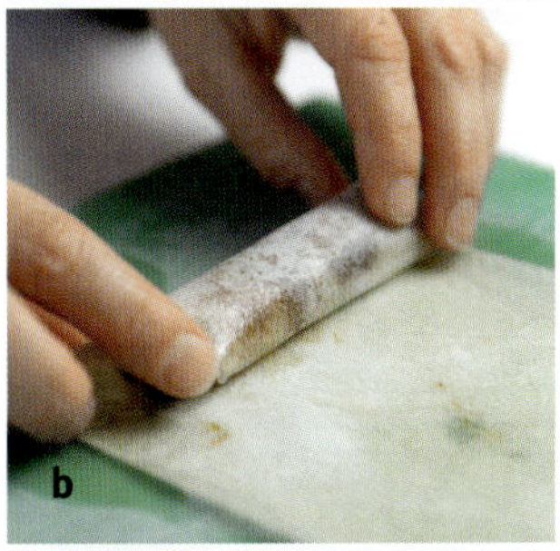

a Sieht komplizierter aus, als es ist: Die Füllung auf dem vorderen Ende der Teigplatte verteilen.
b Die Teigplatte vorsichtig aufrollen ...
c ... und die Enden abschneiden.

Zubereitungszeit 1 Std. 30 Min.
Zeit zum Durchziehen 8–12 Std.

200 g gemischte getrocknete Früchte (Feigen, Aprikosen, Pflaumen, Äpfel)
200 ml fruchtiger Weißwein (Muscat)
1 EL Butter | 1 TL Aceto balsamico bianco | 1 Chinakohl | 3 l Geflügelbrühe
100 ml Gewürz-Kräuter-Essig
2 EL Sonnenblumenöl | 500 g Rehfilet
Salz | schwarzer Pfeffer

Zutaten für 4 Personen
Grundrezepte Brühen: Seite 188 f.

8 Brickteig-Blätter | 4–5 EL Sesamöl

Für die Sauce
150 g Honig | 2 Anissterne
1 Zimtstange | 1 TL Korianderkörner
1 TL Kardamomkörner | 100 ml Aceto balsamico | 600 ml Kalbsbrühe
einige Spritzer Tabasco

1. Am Vortag Trockenfrüchte klein würfeln und im Wein über Nacht ziehen lassen.

2. Am nächsten Tag die Butter zerlassen, die Früchte darin anschwitzen und 10 Min. bei geringer Hitze köcheln lassen. Zum Schluss den Aceto balsamico bianco dazugeben, einmal kurz aufkochen und vom Herd nehmen.

3. Den Chinakohl putzen, vierteln, in feine Streifen schneiden und waschen. Geflügelbrühe und Essig in einem Topf zum Kochen bringen. Chinakohl hineingeben und einmal aufkochen lassen. Vom Herd nehmen und auskühlen lassen.

4. Den Backofen auf 200° vorheizen. Für die Sauce den Honig mit den Gewürzen erhitzen und in 1–2 Min. karamellisieren lassen. Sobald sich der Honig dunkelbraun färbt, mit dem Aceto balsamico ablöschen und leicht einkochen lassen. Mit Kalbsbrühe auffüllen und auf 1/3 reduzieren. Mit Tabasco abschmecken.

5. In einer Pfanne das Sonnenblumenöl erhitzen und das Rehfilet rundum 2 Min. bei großer Hitze scharf anbraten, salzen, pfeffern und für 5 Min. in den vorgeheizten Backofen geben. Herausnehmen und mit Alufolie abgedeckt 10 Min. ruhen lassen. Den Backofen nicht ausschalten.

6. Brickteig (meist runde Teigplatten) mittig falten und in 8 ca. 8 x 20 cm große Rechtecke schneiden. Jedes mit Trockenfrüchten belegen und aufrollen. Frühlingsrollen ca. 10 Min. im Ofen backen, Rehfilet für die letzten 3 Min. dazugeben. Chinakohl inzwischen in der Brühe erhitzen, abgießen, mit Sesamöl, Salz und Pfeffer abschmecken und auf Tellern anrichten. Rehfilet in Scheiben schneiden, auf den Chinakohl legen. Mit den Frühlingsrollen und der Sauce servieren.

Süße Sushi
mit Erdbeeren und scharfer Sauce

a Mit Hilfe zweier Esslöffel Nocken aus der Reismasse formen.
b Die Reisnocken sollten alle gleich groß sein.
c Die Nocken mit den Fruchtscheiben dachziegelartig belegen.

Zubereitungszeit 1 Std. 30 Min.
Zutaten für 4 Personen

500 ml Milch
1 Prise Salz
125 g Milchreis
50 g Zucker
4 Kiwis | 200 g Erdbeeren

Für die Sushi-Sauce
1 TL frischer Ingwer
100 g Zucker
1 TL zerstoßener Szechuanpfeffer
Cayennepfeffer nach Geschmack

1. Die Milch in einem mittelgroßen Topf zum Kochen bringen. Salz und Reis dazugeben und den Milchreis in ca. 15–20 Min. gar köcheln lassen. 5 Min. vor Garende den Zucker dazugeben und umrühren. Den Milchreis auskühlen lassen.

2. Inzwischen die Kiwis schälen und in runde dünne Scheiben schneiden. Die Erdbeeren waschen, das Grün entfernen und längs in dünne Scheiben schneiden. Mit Hilfe von zwei Esslöffeln aus dem Milchreis gleichmäßige Sushi-Nocken formen. Die Nocken übereinanderlappend mit den Fruchtscheiben belegen. Pro Person jeweils 2 verschiedene Sushi herstellen.

3. Für die Sushi-Sauce den Ingwer schälen und sehr fein hacken oder reiben. Den Zucker in einem Topf goldbraun karamellisieren, dann 3 EL Wasser, Ingwer und Szechuanpfeffer hinzugeben und den Karamell sirupartig einköcheln lassen. Nach Geschmack etwas Cayennepfeffer hinzugeben. Die Sushi-Sauce warm in einem kleinen Gefäß zu den Sushi servieren.

MICHAELA PETERS' TIPPS

- Wichtig ist, dass der Zucker erst gegen Ende der Garzeit des Reises dazugegeben wird, da dieser sonst nicht gart.
- Man kann den Milchreis auch am Vortag vorkochen.

Crème brûlée au café
mit Sahne-Whisky-Likör-Eis und Nussmikado

Zubereitungszeit 1 Std.
Gefrierzeit 12 Std.
Backzeit Crème brûlée 1 Std. 30 Min.
Backzeit Nussmikado 8–10 Min.
Kühlzeit 1–2 Std.
Zutaten für 4 Personen

Für das Sahne-Likör-Eis
350 ml Milch
125 g Zucker
5 Eigelbe
150 ml Sahne-Whisky-Likör

Für das Nussmikado
150 g weiche Butter
100 g Puderzucker
1 Ei
250 g Mehl
50 g gemahlene Nüsse

Für die Crème brûlée au café
80 g Kaffeebohnen
165 ml Milch
500 g Sahne
10 Eigelbe
100 g Zucker
etwas brauner Zucker zum Karamellisieren der Crème

Am Vortag

1. Für das Sahne-Likör-Eis die Milch aufkochen, vom Herd nehmen und lauwarm auskühlen lassen. Den Zucker mit den Eigelben in einer Metallschüssel vermengen. Die warme Milch langsam in die Zucker-Ei-Masse einrühren, über einem heißen Wasserbad zur Rose abziehen (siehe Kochschule, S. 98 f.). und auskühlen lassen. Anschließend den Sahne-Whisky-Likör einrühren, in eine Gefrierdose abfüllen und mind. 12 Std. im Gefrierfach gefrieren lassen.

2. Für das Nussmikado die Butter mit dem Puderzucker aufschlagen. Dann nacheinander das Ei, das Mehl und die gemahlenen Nüsse unterrühren. Den Teig mit Folie bedeckt im Kühlschrank für ca. 30 Min. ruhen lassen.

3. Den Backofen auf 180° vorheizen. Den Teig zu einem 1 cm dicken Rechteck ausrollen und in 0,8 cm breite Streifen schneiden. Anschließend auf einem Backblech mit Backpapier im Backofen für 8–10 Min. backen. Auskühlen lassen und in einer Keksdose aufbewahren.

Am nächsten Tag

4. Für die Crème brûlée die Kaffeebohnen in einer Pfanne bei geringer Hitze ohne Fett etwas rösten. Auskühlen lassen und grob zerkleinern. Die zerstoßenen Kaffeebohnen in einem Topf mit der Milch und der Sahne erhitzen, nicht kochen lassen. Vom Herd nehmen und 30 Min. ziehen lassen.

5. Den Backofen auf 80° vorheizen. Die Eier mit dem weißen Zucker vermischen und zur warmen Kaffee-Milch geben, verrühren und anschließend durch ein Sieb passieren. Die Mischung in spezielle Crème-brûlée-Formen oder ca. 2 cm hoch in tiefe Teller füllen. Die Formen für ca. 1 1/2 Std. im Ofen stocken lassen. Anschließend 1–2 Std. auskühlen lassen.

6. Kurz vor dem Servieren die Crèmes mit einer dünnen Schicht braunem Zucker bestreuen und mit einem Bunsenbrenner oder unter dem Grill des Backofens goldbraun karamellisieren lassen. Die Crème brûlée au café sofort mit dem Eis und dem Nussmikado servieren.

a

b

e

f

c

d

g

Kochschule:
Zur Rose abziehen

a Die sehr frischen Eier trennen; Eiweiß und Eigelbe in verschiedene Schüsseln geben.

b Eigelbe und Zucker mit einem Schneebesen weißschaumig aufschlagen. Das Eiweiß steif schlagen.

c Die Milch erwärmen, aber auf keinen Fall kochen lassen.

d Die ausgekratzte Vanille in die Milch geben und darin verrühren.

e Die Vanillemilch langsam und unter Rühren in die Ei-Zucker-Masse gießen.

f Die Milch-Ei-Masse entweder in einer Schüssel über einem Wasserbad rühren. Oder vorsichtig bei geringer Hitze direkt auf dem Herd unter Rühren dicklich werden lassen.

g Der Test: Ziehen Sie mit dem Finger eine Linie durch den in die Milch-Ei-Masse eingetauchten Kochlöffel: fließt die Masse nicht zurück, hat sie die richtige Konsistenz.

Aprikosen-Rosmarin-Spieße
mit Mandelparfait

Zubereitungszeit 1 Std. 15 Min.
Gefrierzeit 12 Std.
Zutaten für 4 Personen

Für das Mandelparfait
75 g ganze geschälte Mandeln
125 g Milch
140 g Zucker
5 Eigelbe
375 ml Sahne
25 ml Amaretto

Für die Aprikosen-Rosmarin-Spieße
10 Aprikosen
100 g Butter
80 g Zucker
1 Vanilleschote
4 Rosmarinzweige

1. Für das Mandelparfait die Mandeln mit der Milch in einem schmalen hohen Topf zum Kochen bringen. Anschließend mit dem Stabmixer fein pürieren. Durch ein sehr feines Sieb passieren und auskühlen lassen.

2. In einer Metallschüssel Zucker und Eigelbe verrühren und die Mandelmilch einrühren. Über einem heißen Wasserbad zur Rose abziehen (siehe Kochschule, S. 98 f.) Die Sahne steif schlagen und zusammen mit dem Amaretto unter die Parfaitmasse heben. Die Mischung in eine mit Frischhaltefolie ausgekleidete Form abfüllen. Für mindestens 12 Std. im Tiefkühlfach gefrieren.

3. Die Aprikosen waschen, vierteln und entkernen. Die Butter in einer beschichteten Pfanne zerlassen, den Zucker dazugeben, leicht karamellisieren lassen und die Aprikosen dazugeben. Die Vanilleschote längs aufschneiden und das Vanillemark mit einem kleinen Messer herauskratzen. Vanilleschote und -mark ebenfalls in die Pfanne geben. Die Aprikosen auf jeder Seite 1 Min. bei kleiner Hitze karamellisieren, dann vom Herd nehmen. Den Backofen auf 180° vorheizen.

4. Den Rosmarin waschen, trockenschütteln und die Nadeln, bis auf die an der Spitze, abzupfen. Die Aprikosenviertel auf die Rosmarinzweige aufspießen und auf ein Backblech oder in eine Auflaufform legen. Die Aprikosenspieße im Ofen garen, bis sie weich sind (ca. 5–10 Min. je nach Reife der Aprikosen). Noch warm mit dem Mandelparfait servieren.

MICHAELA PETERS' TIPP

- **Aprikosen zählen zu meinen absoluten Lieblingsfrüchten. Am besten schmecken sie vollreif frisch vom Baum geerntet – ein Geschmackserlebnis sondergleichen. Leider werden in unseren Breiten nur allzuoft Früchte angeboten, die mehlig schmecken.**
- **Dieses mediterran anmutende Gericht kombiniert drei absolute Mittelmeerprodukte: Aprikosen, Mandeln und aromatischen Rosmarin.**

Marinierte Erdbeeren
mit Aceto balsamico und Olivenöleis

Zubereitungszeit 45 Min.
Gefrierzeit 12 Std.
Marinierzeit 15–20 Min.
Zutaten für 4 Personen

Für das Olivenöleis
350 ml Milch
150 g Sahne
1 EL Honig
125 g Zucker
5 Eigelbe
3 EL fruchtiges Olivenöl

Für die marinierten Erdbeeren
600 g Erdbeeren
50 g Zucker
300 ml Aceto balsamico

1. Für das Olivenöleis in einem kleinen Topf Milch, Sahne und Honig aufkochen. Den Zucker mit den Eigelben in einer Metallschüssel verrühren. Anschließend die warme Milch-Sahne-Honig-Mischung nach und nach gründlich in die Eigelbmischung einrühren und das Ganze über dem heißen Wasserbad (siehe Kochschule, S. 98 f.) zur Rose abziehen. Auskühlen lassen und in der Eismaschine gefrieren. Kurz vor Entnehmen des Eises aus der Eismaschine das Olivenöl zum Eis dazugießen und unterrühren.

2. Die Erdbeeren waschen, das Grün entfernen, die Früchte vierteln und mit dem Zucker überstreut 15–20 Min. marinieren. Den Aceto balsamico in einem kleinen Topf zum Kochen bringen und sirupartig einköcheln lassen.

3. Die marinierten Erdbeeren in einen tiefen Teller geben und den Aceto-balsamico-Sirup in dünnen Fäden über die Erdbeeren ziehen. Das Eis zusammen mit den Erdbeeren servieren.

Aceto balsamico erfreut sich mittlerweile auch außerhalb Italiens großer Beliebtheit. Die langjährige Lagerung in unterschiedlichen Holzfässern verleiht ihm seine Qualität – und spiegelt sich natürlich auch im Preis wider. Ich lasse günstigere Sorten sirupartig einköcheln, dann wird der Aceto intensiver und erhält eine schöne Konsistenz.

Gratinierte Banane
in ihrer eigenen Schale mit Kokosmilkshake

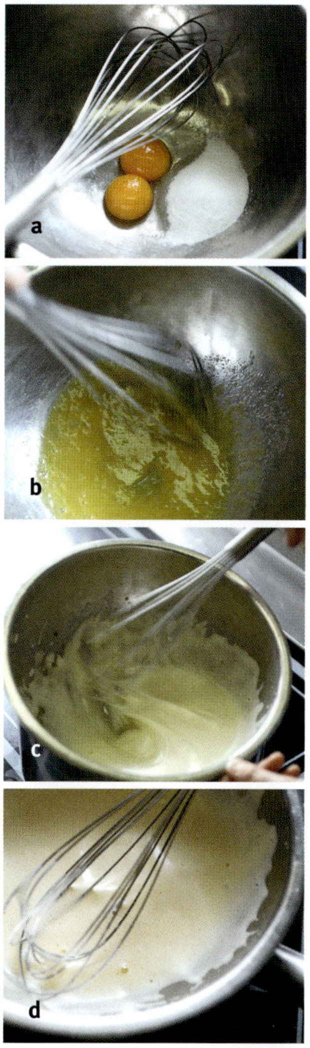

a/b Für den Sabayon Zucker, Eier und Rum in einer Metallschüssel glatt verrühren.
c Die Schüssel über ein nicht zu heißes Wasserbad geben und die Masse dick-cremig aufschlagen.
d Die Masse kräftig schlagen, sodass ein Schaum von luftiger Konsistenz entsteht.

Zubereitungszeit 30 Min.
Zutaten für 4 Personen

4 Bio-Bananen
50 g Butter
40 g Zucker
2,5 cl Rum
2 Eigelbe
200 g Kokosnusseis
300 ml Milch

1. Die Bananen auf ein Brett legen, die obere Schale mit einem Messer einschneiden und vorsichtig abheben. Die Bananen ganz aus der Schale nehmen. Die Bananenschalen sollten, bis auf die abgenommene obere Schale, ganz bleiben. Das Fruchtfleisch in Scheiben schneiden.

2. In einer Pfanne die Butter zerlassen und die Bananenscheiben anbraten. Anschließend die Bananenscheiben in die hohle Bananenschale zurücklegen. Übrige Bananenscheiben auf den Tellern verteilen. Den Backofen bei Oberhitze 180° vorheizen. Die gefüllten Bananen in eine Auflaufform legen.

3. Für den Sabayon Zucker, 50 ml Wasser und Rum mit den Eigelben in einer Metallschüssel verrühren und über einem heißen Wasserbad zu einem dick-cremigen Schaum aufschlagen – auf keinen Fall zu stark erhitzen, sonst gerinnt das Eigelb, und die Masse wird unbrauchbar!

4. Den Schaum über die Bananen geben und im Ofen auf der 2. Schiene von oben max. 4–5 Min. übergrillen bis die Masse leicht gebräunt ist. Inzwischen für den Kokosmilkshake das Kokoseis mit der Milch mit dem Stabmixer schaumig aufschlagen, in Gläser geben und sofort zu den gratinierten Bananen servieren.

MICHAELA PETERS' TIPP

Man kann das Kokoseis auch durch Milcheis ersetzen. Dann entsprechend mit 150 ml Milch, 150 ml Kokosmilch und 2 EL Kokosflocken den Milkshake herstellen.

Ananas-Cannelloni
mit Litschis und Bananengranité

Zubereitungszeit 45 Min.
Gefrierzeit 12 Std.
Zutaten für 4 Personen

Für das Bananengranité
250 g Bananen ohne Schale
150 g Zucker
Saft von 1 Limette
1 EL Rum

Für die Ananas-Cannelloni
1 Ananas
50 g Zucker
2–3 EL Rum
200 g Litschis (ohne Kern, alternativ aus der Dose)
6 EL Litschilikör

1. Für das Bananengranité Bananen, Zucker, 150 ml Wasser, Limettensaft und 1 EL Rum mit dem Stabmixer sehr fein pürieren. Die fertige Masse in einer Gefrierdose im Tiefkühlfach für 12 Std. gefrieren.

2. Die Schale der Ananas rundum mit einem scharfen Messer abschneiden. Die Ananas längs mit einem scharfen Messer oder auf einer Aufschnittmaschine in dünne Scheiben schneiden. Den Zucker mit 50 ml Wasser in einem Topf aufkochen, erkalten lassen und anschließend den Rum hinzugeben. Die Ananasscheiben in dem Rum-Zucker-Sirup für ca. 10 Min. marinieren.

3. Inzwischen die Litschis schälen, mit einem kleinen Messer einschneiden und den Kern herausdrücken. Die Litschis 10 Min. im Litschilikör marinieren. Bei Litschis aus der Dose ist dieser Schritt nicht unbedingt notwendig.

4. Die Ananasscheiben nebeneinander auslegen. Auf jede Scheibe mittig jeweils eine Reihe Litschis setzen (siehe Bild unten) und die Ananas zu einer Rolle formen. Pro Person 3–4 Cannelloni rollen. Die Enden mit einem Messer gerade schneiden und die Cannelloni mit der Verschlussseite nach unten auf Tellern anrichten. Das Bananengranité mit einer Gabel oder einem Löffel abschaben und zusammen mit den Cannelloni servieren.

Je dünner die Ananasscheiben aufgeschnitten werden können, desto besser schmecken die Cannelloni. Die Ananasscheiben vosichtig zu Rollen formen.

Lieblingsgerichte für zu Hause

AIRMAX

Le Palais des Saveurs
- FRUITS
EPICERIE FINE - FLEURS

Lieblingsgerichte für zu Hause

RAFFINIERTE KÜCHE, mit der Sie Ihre Familie und Ihre Freunde verwöhnen können, muss nicht unbedingt zeit- und arbeitsaufwendig sein. Schließlich möchten Sie auch **Zeit für Ihre Gäste** haben. Viele Gerichte, die ich für den privaten Hausgebrauch koche, lassen sich **mühelos** vorbereiten und sind trotzdem etwas ganz Besonderes. Hier gilt die Devise: Weniger ist manchmal mehr. So können Sie auch mit wenigen Zutaten erstaunliche **Geschmackskompositionen** kreieren.

Rucolasalat mit Garnelen, westfälischem Schinken und jungem Knoblauch

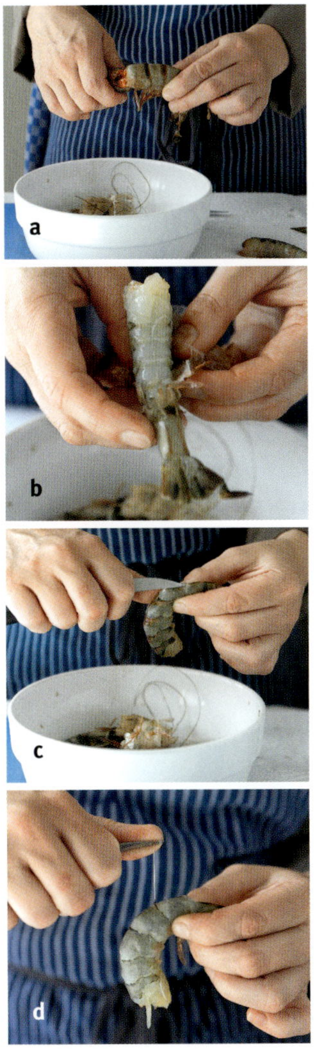

a/b Die rohen Garnelen vorsichtig rundherum bis auf die Schwanzflossen abschälen.
c Mit einem scharfen kleinen Messer den Garnelenrücken längs einritzen und den Darm freilegen.
d Den schwarzen Darmfaden vorsichtig herausziehen und entfernen. Die Garnelen kalt abbrausen und abtropfen lassen.

Zubereitungszeit 30–40 Min.
Zutaten für 4 Personen

20 rohe Garnelen, ohne Kopf (tiger prawns)
300 g Rucolasalat oder gemischte Blattsalate
4 junge Knoblauchzehen
2 Frühlingszwiebeln | 2 Estragonzweige
2 Zitronenthymianzweige
2 EL Olivenöl | Salz | schwarzer Pfeffer
16 hauchdünne Scheiben westfälischer Schinken

Für die Parmesanziegel
100 g frisch geriebener Parmesan

Für die Vinaigrette
6 EL Erdnussöl | 3 EL Aceto balsamico
Salz | schwarzer Pfeffer
1 Prise Zucker
5 Schnittlauchhalme
1 Liebstöckelzweig
2 Koriandergrünzweige

1. Den Backofen auf 180° vorheizen. Die Garnelen wie in den nebenstehenden Steps beschrieben vorbereiten.

2. Den Rucolasalat waschen und trockenschleudern. Den Knoblauch schälen und fein hacken. Die Frühlingszwiebeln putzen, waschen und in Scheiben schneiden. Die Kräuter waschen und fein schneiden.

3. Auf ein mit Backpapier ausgelegtes Blech den Parmesan in ca. 4 x 12 cm große Rechtecke aufstreuen und für ca. 5 Min im Ofen backen.

4. Für die Vinaigrette Erdnussöl und Aceto balsamico verrühren und mit Salz, Pfeffer und etwas Zucker würzen. Die Kräuter waschen und trockenschütteln. Den Schnittlauch in feine Röllchen, die übrigen Kräuter in feine Streifen schneiden und die Vinaigrette damit würzen.

5. In einer großen Pfanne das Olivenöl erhitzen. Die Garnelen darin bei großer Hitze ca. 1 Min. rundum anbraten. Herausnehmen und beiseitestellen. Den Knoblauch in dem gleichen Fett anrösten. Die Garnelen und Kräuter dazugeben, mit Salz und Pfeffer würzen, kurz darin schwenken und beiseitestellen.

6. Den Salat mit der Vinaigrette und den Frühlingszwiebeln anmachen und auf Tellern anrichten. Die Garnelen mit dem Knoblauch und den Kräutern darauf anrichten. Den westfälischen Schinken auf dem Salat verteilen. Die Parmesanrechtecke dazuservieren.

Avocado-Krabben-Salat
im Kopfsalat serviert

Zubereitungszeit 30 Min.
Zutaten für 4 Personen

1 Kopfsalat
4 reife Avocados
Saft von 2 Zitronen
2 EL Kürbiskernöl
1 EL Weißweinessig
Salz | schwarzer Pfeffer
1 Spritzer Tabasco
2 EL Sesamöl
400 g geschälte Krabben oder Shrimps

Für die Vinaigrette
3 EL Olivenöl
3 EL Essig
Salz | schwarzer Pfeffer
1 Bund Schnittlauch

1. Die Blätter des Kopfsalates vom Strunk lösen, waschen, trockenschleudern und beiseitelegen.

2. Die Avocados schälen, halbieren und den Kern herausnehmen. Das Fruchtfleisch in feine Würfel schneiden und sofort mit dem Zitronensaft marinieren. Anschließend mit Kürbiskernöl, Weißweinessig, Salz, Pfeffer und Tabasco würzen.

3. Aus dem Olivenöl, dem Essig, Salz und Pfeffer eine Vinaigrette zubereiten. Den Schnittlauch waschen, trockenschütteln und in feine Röllchen schneiden.

4. Das Sesamöl in einer Pfanne erhitzen und die Krabben kurz in der Pfanne schwenken, damit sie sich erwärmen.

5. Den Salat in einer Salatschüssel mit der Vinaigrette anmachen, nochmals abschmecken und auf einem Teller wieder als Kopfsalat zusammensetzen. Den Avocadosalat dazugeben und die Krabben darauf verteilen. Mit den frischen Schnittlauchringen dekorieren.

MICHAELA PETERS' TIPP

Anstelle der Krabben schmecken auch Garnelen sehr gut in diesem Salat. Dazu die Garnelen wie auf Seite 115 beschrieben vorbereiten und anschließend in dem Sesamöl beidseitig bei großer Hitze scharf anbraten. Frisches Baguette dazuservieren.

Lachscarpaccio
mariniert mit Zitronenvinaigrette

Zubereitungszeit 20 Min.
Zutaten für 4 Personen

500 g Lachsfilet
Saft von 2 Bio-Zitronen
3 EL kaltgepresstes Olivenöl
schwarzer gestoßener Pfeffer
100 g Rucolasalat
1 TL Aceto balsamico
Salz | schwarzer Pfeffer
2 Frühlingszwiebeln
1 Bund Dill
Meersalz (z. B. Fleur de sel)
2 EL Kapern, nach Geschmack

1. Das Lachsfilet in Frischhaltefolie einpacken und im Kühlfach ca. 15 Min. anfrieren lassen. Inzwischen den Zitronensaft mit 2 EL Olivenöl mischen und mit dem gestoßenen Pfeffer würzen. Den Rucolasalat waschen, verlesen und trockenschleudern.

2. In der Salatschüssel aus dem restlichen Olivenöl, Aceto balsamico, Salz und Pfeffer eine Salatsauce zubereiten. Erst kurz vor dem Servieren den Rucolasalat darin anmachen.

3. Die Frühlingszwiebeln putzen, gründlich waschen und in feine Ringe schneiden. Den Dill waschen, trockenschütteln und fein schneiden.

4. Den angefrorenen Lachs mit einem sehr scharfen Messer oder einer Aufschnittmaschine in hauchdünne Scheiben schneiden und auf Tellern anrichten. Mit der Zitronen-Olivenöl-Marinade bestreichen und mit Pfeffer und grobem Meersalz würzen.

5. Die Frühlingszwiebelringe und den Dill großzügig auf dem Lachscarpaccio verteilen. Die Kapern nach Geschmack darüberstreuen. Den Rucola mit der Salatsauce vermengen und dazuservieren.

MICHAELA PETERS' TIPP

Ursprünglich besteht ein Carpaccio aus hauchdünn geschnittenem Rinderfilet. Über die Erfindung dieses Gerichts gehen die Meinungen auseinander: Während einige Vertreter meinen, dass ein venezianischer Koch seinem Stammgast das Rindercarpaccio bereitete, der vom Arzt den Verzehr von gekochtem Fleisch verboten bekommen hatte, so besagt die französische Anekdote, ein Koch habe dies einem Maler bereitet, der die Farbe Rot so überaus liebte. Wie auch immer, wichtig ist, dass die für ein Carpaccio verwendeten Produkte sehr frisch sind und immer kalt gelagert werden.

Gratinierter Ziegenkäse
mit jungem Blattsalat

Zubereitungszeit 20–30 Min.
Zutaten für 4 Personen

250 g Blattsalat
2 Thymianzweige
1 Baguette
400 g junger Ziegenkäse am Stück
1 EL flüssiger Honig
Salz | schwarzer Pfeffer
12 Cocktailtomaten
1 Bund Schnittlauch

Für die Vinaigrette
4 EL Aceto balsamico
4 EL Nussöl
1 EL dunkle Sojasauce
Salz | schwarzer Pfeffer

1. Den Backofen auf Oberhitze 200° vorheizen. Den Blattsalat putzen, gründlich waschen und trockenschleudern. Den Thymian waschen, trockenschütteln und die Blättchen abzupfen.

2. Das Baguette in 16 gleich große Scheiben aufschneiden und auf ein Backblech legen. Den Ziegenkäse ebenfalls in 16 Scheiben schneiden und auf den Baguettescheiben verteilen.

3. Den Honig über den Ziegenkäse tropfenweise verteilen und dann mit Salz und Pfeffer würzen und mit den Thymianblättchen bestreuen. Die Baguettescheiben auf der obersten Einschubleiste im Backofen für 3 Min. übergrillen.

4. Inzwischen die Cocktailtomaten waschen, halbieren und vom Stielansatz befreien. Den Schnittlauch waschen, trockenschütteln und in Röllchen schneiden.

5. Aus Aceto balsamico, Nussöl und Sojasauce eine Vinaigrette herstellen und diese mit Salz und Pfeffer abschmecken.

6. Den Blattsalat mit der Vinaigrette anmachen und in der Tellermitte anrichten. Die Tomatenhälften dazugeben. Die überbackenen Ziegenkäse-Baguettescheiben dazulegen und mit den Schnittlauchröllchen bestreut servieren.

MICHAELA PETERS' TIPP

Sollte der Ziegenkäse beim Schneiden bröckeln, verwenden Sie ein Stück Küchengarn zum Schneiden des Käses, das Sie zwischen beiden Händen straff halten.

Tartine mit Thunfischtatar
in Ingweröl

Zubereitungszeit 30 Min.
Zutaten für 4 Personen

200 g Ingwer
1 l Olivenöl
500 g roher roter Thunfisch
2 Schalotten
100 g Kapern
Saft von 1 Zitrone
Salz | schwarzer Pfeffer
1 Baguette
1 Bund Schnittlauch

1. Den Ingwer schälen, in feine Würfel schneiden und bei geringer Hitze in dem Olivenöl erwärmen. Vom Herd nehmen und auskühlen lassen. Das erkaltete Öl zusammen mit dem Ingwer in die Olivenölflasche zurückfüllen. Das Öl hält sich mindestens 6 Wochen.

2. Den Thunfisch in ca. 1/2 cm feine Würfel schneiden und in eine Schüssel geben. Die Schalotten schälen und fein würfeln; die Kapern klein hacken und beides zusammen mit dem Zitronensaft zum Thunfisch geben. Das Thunfischtatar mit 3 EL Ingweröl vermengen und mit Salz und Pfeffer abschmecken.

3. Das Baguette in vier gleich große Stücke schneiden, halbieren und toasten. Das Thunfischtatar mit einer Gabel auf den Baguettescheiben verteilen.

4. Den Schnittlauch waschen, trockenschütteln und in feine Röllchen schneiden. Die Baguettestücke großzügig mit dem Schnittlauch garniert servieren.

MICHAELA PETERS' TIPP

Das Ingweröl kann zum Marinieren von Fisch, aber auch für Wok-Gerichte und für eine Salat-Vinaigrette verwendet werden.

Für das Thunfischtatar nur ganz frischen, rohen Thunfisch (verlangen Sie Sushi-Qualität) verwenden; diesen zunächst in feine Scheiben und anschließend in gleich große, feine Würfel schneiden.

Geflügelbrühe
mit Mie-Nudeln und Ei

Zubereitungszeit 2 Std. 30 Min.
Zutaten für 4 Personen

1 Suppenhuhn (ca. 1,5 kg)
2 Karotten
1/2 Sellerieknolle
1 Stange Lauch
200 g rohe Erbsen
Salz
125 g Champignons
125 g Egerlinge
100 g durchwachsener Speck
1 Bund Petersilie
1 Lorbeerblatt
1 TL (ca. 6 St.) schwarze Pfefferkörner
1 frischer Liebstöckelzweig
100 g Mie-Nudeln
4 Eigelbe
schwarzer Pfeffer

1. Das Suppenhuhn waschen und trockentupfen. Karotten und Sellerie waschen und schälen. Den Lauch putzen, längs halbieren und gründlich waschen.

2. Das Gemüse mit dem Suppenhuhn in einem großen Topf (das Huhn sollte auf dem Boden Platz haben) mit ca. 3 1/2 l kaltem Wasser bedeckt aufsetzen. Aufkochen und für ca. 2 Std. köcheln lassen – den aufsteigenden Schaum mit einer Schaumkelle abnehmen.

3. Inzwischen die Erbsen in wenig kochendem Salzwasser 3–5 Min. garen. Die Pilze putzen und in 1/2 cm dicke Scheiben schneiden. Den Speck ebenfalls in 1/2 cm feine Streifen schneiden. Alles beiseitelegen.

4. Nach ca. 1 1/2 Std. Kochzeit das Gemüse aus der Suppe heben und beiseitelegen. Die Petersilie waschen und mit den Gewürzen in die Brühe geben. Den Liebstöckel waschen, trockenschütteln, fein schneiden und beiseitelegen.

5. Nach Beendigung der Kochzeit das Huhn, sämtliches Gemüse und die Petersilie aus der Brühe nehmen. Das Hühnerfleisch von der Hühnerkarkasse ablösen und in Streifen schneiden oder mit Gabeln auseinanderziehen. Das Gemüse ebenfalls in Streifen schneiden.

6. Die Erbsen, Champignons und Speckstreifen in die Brühe geben. Die Mie-Nudeln und die Eigelbe in der Brühe ca. 3–5 Min. gar ziehen lassen; dabei vorsichtig rühren, sodass die Eigelbe nicht zerstört werden. Dann das Hühnerfleisch und Suppengemüse mit dazugeben.

7. Die Geflügelbrühe mit Mie-Nudeln mit Salz und Pfeffer abschmecken und mit dem gehackten Liebstöckel bestreut servieren.

Kürbiscremesuppe
mit Kräutercroûtons

Zubereitungszeit 45 Min.
Zutaten für 4 Personen

500 g Muskatkürbis
2 Zwiebeln
4 Kartoffeln
3 EL Butter
1 EL helle Sojasauce
1 l Geflügelbrühe (aus dem Glas oder siehe Grundrezept, Seite 188)
Salz | schwarzer Pfeffer
2 glatte Petersilienzweige
8 Scheiben Toastbrot
100 g Sahne

1. Den Kürbis waschen, schälen und das Fruchtfleisch in 3 cm große Stücke schneiden. Die Zwiebeln schälen und in 1 cm große Würfel schneiden. Die Kartoffeln schälen und in 2–3 cm große Würfel schneiden.

2. In einem Topf 2 EL Butter zerlassen und die Zwiebelwürfel darin anschwitzen. Die Kürbisstücke dazugeben und für 2–3 Min. mitschwitzen. Die Kartoffelwürfel und die helle Sojasauce dazugeben und etwas einkochen lassen. Mit der Geflügelbrühe ablöschen.

3. Die Kürbissuppe aufkochen und nach ca. 15 Min., wenn alle Zutaten gar sind, mit einem Stabmixer pürieren; mit Salz und Pfeffer abschmecken.

4. Für die Croûtons die Petersilie waschen, trockenschütteln und grob schneiden. Die Toastbrot-Rinde dünn abschneiden. Das helle Brot in ca. 2 cm große Würfel schneiden. Die restliche Butter in einer beschichteten Pfanne zerlassen. Die Toastbrotwürfel dazugeben, mit Salz und Pfeffer würzen und unter Wenden bei geringer Hitze rösten. Kurz bevor sie fertig sind, die Petersilie mitrösten.

5. Die Sahne zu einem dick-cremigen Schaum aufschlagen – nicht zu lange schlagen, sonst lassen sich keine guten Nocken abstechen.

6. Die Suppe nochmals mit Salz und Pfeffer abschmecken und in Suppentellern mit je 1 Nocke Sahne und den Croûtons bestreut servieren.

Besonders gut gelingen die Croûtons bei geringer Hitze. Bei zu großer Hitze verbrennt der Eiweißanteil in der Butter, und die Croûtons werden bitter und schwarz. Nach dem Braten auf Küchenpapier abtropfen lassen.

Capellini-Pfanne
mit Blattspinat, Cocktailtomaten und frischen Kräutern

Zubereitungszeit 30 Min.
Zutaten für 4 Personen

2 Knoblauchzehen
1 Bund Estragon
1 Bund Basilikum
1 Bund Thymian
200 g frischen Blattspinat
350 g Cocktailtomaten
280 g Capellini
(sehr dünne Spaghetti)
Salz
1 EL Olivenöl
2–3 EL Walnussöl
schwarzer Pfeffer

1. Den Knoblauch schälen und klein hacken. Die Kräuter waschen, trockenschütteln, die Blättchen abzupfen und grob schneiden. Den Blattspinat von den Stielen befreien, gründlich waschen und trockenschütteln. Die Cocktailtomaten waschen und halbieren.

2. Die Capellini in kochendem Salzwasser mit dem Olivenöl in 3 Min. bissfest garen, abgießen und in einem Sieb abtropfen lassen.

3. Das Nussöl in einer großen Pfanne erhitzen und darin den Knoblauch glasig anbraten. Den Blattspinat dazugeben und anschwitzen, bis er zusammenfällt. Die Tomatenhälften und die Capellini zufügen und unter vorsichtigem Rühren miterhitzen. Die gehackten Kräuter untermischen und die Capellini-Pfanne mit Salz und Pfeffer abschmecken. Sollte das Gericht etwas zu trocken wirken, mit 1 EL Walnussöl verfeinern.

MICHAELA PETERS' TIPP

- **Capellini bedeutet übersetzt Härchen, was darauf hinweist, dass es sich um eine besonders dünne Sorte Spaghetti handelt. Daher sind sie auch blitzschnell gar.**
- **Meine Capellini-Pfanne schmeckt übrigens auch hervorragend mit zusätzlich ca. 300 g gemischten Meeresfrüchten.**

Risotto
mit Steinpilzen

Zubereitungszeit 45 Min.
Zutaten für 4 Personen

400 g frische oder ca. 100 g getrocknete Steinpilze
1 EL Butter
Salz | schwarzer Pfeffer
3 Schalotten
1 EL Olivenöl
400 g Arborio-Reis (Risottoreis)
300 ml trockener Weißwein
800 ml Geflügelbrühe (aus dem Glas oder siehe Grundrezept, Seite 188)
100 g Sahne
120 g frisch geriebener Parmesan

1. Die frischen Steinpilze putzen, evtl. kurz unter fließend kaltem Wasser mit einer Bürste säubern und auf einem Handtuch zum Trocknen legen. Die Steinpilzköpfe in 1 cm dicke Scheiben schneiden, die Stiele würfeln. Getrocknete Steinpilze in lauwarmem Wasser für ca. 20 Min. einweichen und später abgetropft direkt in den Risotto geben, ohne sie vorher anzubraten.

2. In einer Pfanne die Butter zerlassen und die Pilze darin leicht bräunlich anbraten, dann salzen und pfeffern und beiseitestellen. Die 12 schönsten Steinpilzscheiben auf einen extra Teller legen.

3. Die Schalotten schälen und in feine Würfel schneiden. Das Olivenöl in einem Topf erhitzen und die Schalottenwürfel darin glasig anbraten. Den Arborio-Reis dazugeben und ebenfalls anschwitzen lassen, ohne dass er Farbe annimmt.

4. Den Backofen auf 100° vorheizen. Den Reis mit dem Weißwein ablöschen und diesen komplett einkochen lassen. Dann schöpfkellenweise Geflügelbrühe zugießen und diese bei geringer Hitze unter stetigem Rühren so lange köcheln lassen, bis der Reis zu einer kompakten Masse wird und die Flüssigkeit aufgenommen hat. Erst dann erneut Brühe zugeben. Wenn der Reis die gesamte Geflügelbrühe aufgenommen hat, die Sahne dazugießen.

5. Die Steinpilze in den Risotto geben und für 1–2 Min. köcheln lassen. Die 12 Steinpilzscheiben im Backofen erhitzen. Den Parmesan kurz vor dem Servieren unter den Risotto heben, salzen und pfeffern. Den Risotto auf Tellern verteilen und mit den Steinpilzscheiben garniert servieren.

MICHAELA PETERS' TIPP

Sie können auch gefrorene Steinpilze verwenden, diese dann nicht auftauen sondern direkt verarbeiten. Sie verlieren sonst an Aroma und werden matschig.

a

b

e

f

Kochschule:
Risotto zubereiten

a Olivenöl in einer Pfanne erhitzen; je nach Rezept Schalotten, Frühlingszwiebeln darin glasig anbraten; dann den Reis zugeben.

b Den Reis unter Rühren anbraten; darauf achten, dass alle Reiskörner mit Öl benetzt sind.

c Den Weißwein langsam dazugießen, dabei den Reis immer wieder umrühren.

d Den Weißwein nahezu komplett einkochen lassen.

e Die Geflügelbrühe nach und nach unter Rühren dazugeben und die Hitze reduzieren. Den Reis in ca. 15 Min. bissfest kochen.

f Zum Schluss die frische Sahne dazugießen und gut im Risotto verrühren.

g Jetzt erst den Parmesan einstreuen, alles nochmal gut miteinander vermischen – fertig ist der Risotto.

Meeresfrüchte-Wok
mit Jasminreis, Kaiserschoten und Paprika

Zubereitungszeit 40–50 Min.
Zutaten für 4 Personen

1 rote Zwiebel
je 1 rote, grüne und gelbe Paprika
100 g Kaiserschoten
2 Knoblauchzehen
4 Garnelen
150 g Tintenfischringe
500 g Miesmuscheln
1 Schalotte
1 EL Erdnussöl
320 g Jasminreis
1 l Geflügelbrühe (aus dem Glas oder siehe Grundrezept, Seite 188)
Salz | schwarzer Pfeffer
2 EL Olivenöl
200 ml trockener Weißwein
Piment d'Espelette (alternativ Chilipulver)
einige frische Schnittlauchhalme

1. Die Zwiebel schälen und in feine Streifen schneiden. Die Paprikaschoten waschen, halbieren und das Kerngehäuse entfernen. Die Hälften nochmals waschen und ebenfalls in 1 cm breite Streifen schneiden. Die Kaiserschoten waschen und in 1 cm breite Streifen schneiden. Den Knoblauch schälen und fein hacken.

2. Die Garnelen aus der Schale brechen. Die Tintenfischringe waschen. Die Miesmuscheln gründlich abbürsten und waschen. Offene Exemplare unbedingt wegwerfen. Die Schalotte schälen und in feine Streifen schneiden.

3. Das Erdnussöl im Wok erhitzen und die Zwiebelstreifen und die Hälfte des Knoblauchs darin anschwitzen. Paprikastreifen und Kaiserschoten dazugeben und mit anschwitzen. Den Jasminreis dazugeben, mit der Geflügelbrühe auffüllen und aufkochen lassen. Den Reis bei geringer Hitze in ca. 10 Min. mit geschlossenem Deckel garen; dann salzen, pfeffern und warm stellen.

4. Inzwischen die Hälfte des Olivenöls in einem Topf erhitzen und die Schalotten darin anschwitzen. Mit dem Weißwein auffüllen und die Miesmuscheln dazugeben. Mit geschlossenem Deckel zum Kochen bringen. Sobald sich die Miesmuscheln öffnen, sind sie gar. Ungeöffnete Muscheln sind ungenießbar und müssen entfernt werden!!!

5. In einer Pfanne das restliche Öl erhitzen. Die Garnelen darin rundum scharf anbraten, den restlichen Knoblauch dazugeben und mitbraten. In den Wok geben.

6. In derselben Pfanne die Tintenfischringe anbraten, mit Salz und Piment d'Espelette würzen und in den Wok geben. Die gekochten Muscheln in der Schale über dem Reis verteilen und das Gericht in dem Wok servieren. Den Schnittlauch waschen, trockenschütteln, in 3 cm lange Streifen schneiden und über dem Wok verteilen.

MICHAELA PETERS' TIPP

Sie können als Alternative auch 450 g tiefgekühlte Meeresfrüchte verwenden. Diese dann vor dem Braten in einem Sieb auftauen lassen.

Marinierte Lammkeule
auf Fenchelconfit mit Curry-Polenta

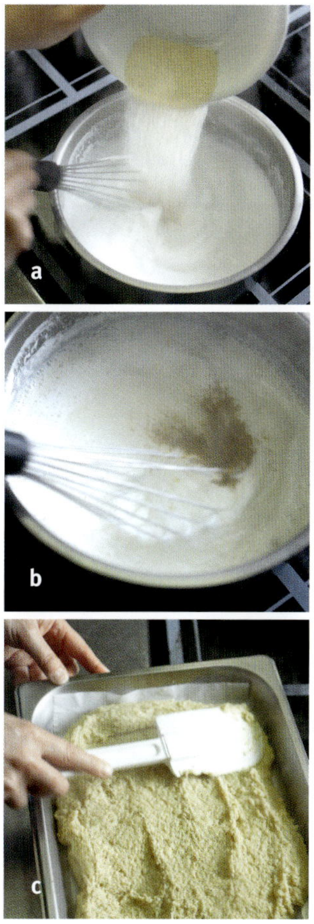

a Für die Polenta die Milch zum Kochen bringen. Die Polenta in die kochende Milch einrühren und so lange rühren, bis eine Bindung entsteht.
b Curry dazugeben und die Masse unter ständigem Rühren 2–3 Min. dickflüssig einkochen.
c In einer mit Folie ausgelegten flachen Form mit Folie bedeckt auskühlen lassen.

Zubereitungszeit 2 Std.
Marinierzeit 24 Std.

Zutaten für 4 Personen

Für die marinierte Lammkeule
3 Rosmarinzweige | 4 EL grobes Meersalz | 4 EL Szechuanpfeffer
500 ml Knoblauchöl (oder Olivenöl und zusätzlich 4 Knoblauchzehen)
1,2 kg Lammkeule ohne Knochen

Für die Curry-Polenta
1/2 l Milch | 100 g Polenta (Maisgrieß)
1 TL Curry | 2 Fenchel | 1 Zwiebel
1 EL Fenchelsamen | 200 ml Weißwein
2 EL Sonnenblumenöl
3–4 EL kalte Butter

Am Vortag

1. Den Rosmarin waschen, trockenschütteln und mit den übrigen Zutaten der Marinade grob mixen. Die Lammkeule in einen Bratentopf geben, gründlich mit der Marinade einreiben und mit Folie bedeckt in den Kühlschrank 24 Std. marinieren, gelegentlich wenden und mit Marinade bestreichen.

2. Die Polenta zubereiten, siehe nebenstehende Steps.

Am nächsten Tag

3. Ofen auf 180° (Umluft) vorheizen. Lammkeule aus der Marinade heben und trockentupfen; die Marinade fein durchsieben, 2 EL davon In einem Bratentopf erhitzen. Die Keule darin rundum scharf anbraten, etwas Rosmarin aus der Marinade dazugeben. Dann 30 Min. im vorgeheizten Ofen garen. Herausnehmen und das Fleisch mit Alufolie bedeckt ca. 15 Min. an einem warmen Ort ruhen lassen.

4. Fenchel waschen und längs in Scheiben schneiden. Zwiebel schälen, halbieren und in Streifen schneiden. In einer Pfanne die übrige Marinade erhitzen und Fenchel und Zwiebeln mit den Fenchelsamen darin anbraten. Mit Wein ablöschen und 10 Min. köcheln lassen. Dann in einer Auflaufform im Ofen warm halten.

5. Die Curry-Polenta in 1 1/2 cm große Würfel schneiden. In einer beschichteten Pfanne 2 EL Sonnenblumenöl erhitzen und die Würfel darin in ca. 1 Min. leicht bräunen. Beiseitestellen und 3 Min. vor dem Servieren im Ofen aufwärmen.

6. Lamm-Bratensaft in einem Topf leicht erhitzen. Die Keule erneut für 10 Min. in den Ofen geben. Sauce vom Herd nehmen und flöckchenweise Butter bis zu einer leichten Bindung einrühren – nicht mehr kochen! Fleisch aufschneiden und mit Fenchel und Curry-Polentawürfeln anrichten. Mit dem Bratensaft benetzen.

Hirschrückensteaks
mit Wirsing und Maronenspätzle

Zubereitungszeit 45 Min.
Marinierzeit 1 Nacht
Zutaten für 4 Personen

600 g Hirschrückenfilet (pariert und ohne Sehnen – den Metzger darum bitten)
1 EL zerstoßene Korianderkörner
300 ml roter Portwein
600 g Wirsing
Salz

Für die Buttersauce
100 ml Rinderbrühe
50 g Sahne
250 g + 2 EL kalte Butter
2 EL Sonnenblumenöl
schwarzer Pfeffer

Für die Maronenspätzle
300 g frische Maronen, alternativ 100 g Maronenpüree (aus dem Glas)
4 Eier
250 g Mehl
2 EL Mineralwasser mit Kohlensäure
1 große Prise Salz
1 EL Sonnenblumenöl

Außerdem
Eiswürfel

1. Das Hirschrückenfilet in 8 gleich dicke Steaks schneiden. Die Steaks mit den Korianderkörnern und dem Portwein einreiben und über Nacht im Kühlschrank marinieren.

2. Den Wirsing vierteln, den Strunk herausschneiden und die Blätter in feine Streifen schneiden. Anschließend waschen und abtropfen lassen. Die Blätter für ca. 1 Min. in kochendes Salzwasser geben, herausnehmen, in Eiswasser abschrecken und in einem Sieb abtropfen lassen.

3. Die frischen Maronen in kochendem Wasser aufkochen, sodass die Schale aufplatzt. Schälen und die geschälten Maronen nochmals 20–30 Min. im Wasser weich kochen und anschließend mit dem Stabmixer pürieren.

4. Einen großen Topf mit Salzwasser zum Kochen bringen. Inzwischen die Zutaten für die Spätzle bis auf das Öl in einer großen Schüssel zu einem Teig verrühren und mit einem Kochlöffel an den Schüsselrand »schlagen«, bis er Blasen bildet. Den Teig anschließend portionsweise durch eine Spätzlepresse in das kochende Wasser drücken. Wenn die Spätzle gar sind, treiben sie an die Oberfläche des Wassers. Die Spätzle mit einer Schaumkelle herausheben, in Eiswasser abschrecken und in einem Sieb abtropfen lassen. Anschließend in eine Schüssel mit 1 EL Öl geben, damit sie nicht aneinanderkleben.

5. Für die Buttersauce die Rinderbrühe in einem Topf erhitzen. Die Sahne dazugeben und alles aufkochen. 250 g Butter in Stücke schneiden. Den Topf von dem Herd nehmen und die Butter Stück für Stück einrühren. Nicht mehr kochen lassen, sonst verliert die Sauce ihre Bindung und gerinnt.

6. Die Steaks aus der Marinade nehmen und trockentupfen. In einer großen Pfanne 2 EL Sonnenblumenöl erhitzen und die Steaks von jeder Seiten 2 Min. bei großer Hitze anbraten.

7. In beschichteten Pfanne 1 EL Butter zerlassen und die Spätzle darin goldbraun braten. Mit Salz und Pfeffer abschmecken. Inzwischen in einem Topf 1 EL Butter zerlassen und den Wirsing darin anschmoren. Etwas Wasser dazugeben und mit Salz und Pfeffer würzen.

8. Den Wirsing und die Spätzle auf Tellern anrichten, die Hirschrückensteaks dazugeben und mit der Buttersauce beträufeln.

Himbeerkaltschale
mit Verbene und Joghurtparfait

Zubereitungszeit 1 Std.
Gefrierzeit 12 Std.
Zutaten für 4 Personen

Für das Joghurtparfait
100 ml Milch
150 g Zucker
4 Eigelbe
100 g Sahne
400 g Joghurt
Saft von 1 Zitrone

Für die Himbeerkaltschale
200 g Zucker
5 g getrocknete oder 1 frischer Zweig Verbene (alternativ 1 Stängel Zitronengras)
500 g frische Himbeeren

1. Die Milch erhitzen. Den Zucker mit den Eigelben verrühren und die warme Milch unter stetigem Rühren mit einem Schneebesen dazugießen. Die Masse in einer Metallschüssel über einem heißen Wasserbad mit einem Holzlöffel rühren und zur Rose abziehen (siehe Kochschule, S. 98 f.). Die Masse vom Wasserbad nehmen und abkühlen lassen. Inzwischen die Sahne steif schlagen.

2. Den Joghurt, den Zitronensaft und die Schlagsahne unter die ausgekühlte Milchcreme heben. Die fertige Masse in eine mit Frischhaltefolie ausgekleidete Kastenform geben und für 12 Std. im Gefrierfach gefrieren lassen.

3. Für die Himbeerkaltschale den Zucker mit 500 ml Wasser aufkochen, die Verbene zufügen und nach Geschmack 5–10 Min. ziehen lassen. Wenn Sie Zitronengras verwenden, sollten Sie dieses zunächst klein schneiden und den Sirup nach der Ziehzeit durch ein Sieb gießen; den Sirup anschließend abkühlen lassen. Die Verbene kann im Sirup bleiben und mitgegessen werden.

4. Die Himbeeren in den Sirup geben und in Schälchen anrichten. Mit dem Joghurtparfait servieren.

MICHAELA PETERS' TIPP

Die Verbene gehört zu der Gattung der Eisenkrautgewächse und hat ein frisches, wohlschmeckendes, melissenähnliches Aroma. Sollten Sie keine frische Verbene bekommen, können Sie auch auf Verbene-Teebeutel zurückgreifen.

Orangensalat
mit Amarettoschaum und Mandelbiskuit

Zubereitungszeit 1 Std. 15 Min.
Zutaten für 4 Personen

Für den Mandelbiskuit
200 g Marzipan
2 EL Mehl
2 EL Kartoffelstärke
3 Eier
60 g zerlassene Butter

Für den Orangensalat
100 g Zucker
6 Orangen
Orangenlikör (nach Belieben)

Für den Amarettoschaum
50 ml Milch
50 g Sahne
1 EL Puderzucker
2 EL Amaretto

Für den Amarettoschaum Milch und Sahne auf höchster Stufe des Mixgerätes aufschlagen – dadurch erhält die Masse viel Luft und bekommt einen schönen Schaum.

Den Schaum dünn von der Oberfläche abschöpfen. Bei Bedarf neu aufschlagen, sodass neuer luftiger Schaum entsteht.

1. Den Backofen auf 180° vorheizen. In einem Blitzhacker oder einer Küchenmaschine mit Messereinsatz das Marzipan mit dem Mehl und der Kartoffelstärke verrühren. Dann nacheinander die Eier dazugeben. Wenn die Eier von der Masse aufgenommen sind, die erwärmte Butter zufügen und gut unterrühren.

2. Die Biskuitmasse ca. 2 cm hoch auf ein mit Backpapier belegtes Blech streichen und für ca. 15 Min. im Ofen backen. Inzwischen aus dem Zucker mit 100 ml Wasser durch Aufkochen einen Zuckersirup herstellen. Auskühlen lassen.

3. Mit einem scharfen Messer die Orangen rundherum so schälen, dass keine weiße Haut zurückbleibt. Die Orangenfilets aus den Zwischenhäuten herauslösen und in den kalten Zuckersirup geben; nach Geschmack etwas Orangenlikör dazugeben. Den Orangensalat in Gläsern anrichten.

4. Für den Amarettoschaum Milch, Sahne, Puderzucker und Amaretto mit einem Stabmixer aufschäumen. Den Schaum an der Oberfläche abschöpfen und auf den Orangensalat geben. Gegebenenfalls erneut aufmixen und dann erneut den Schaum abschöpfen.

5. Den ausgekühlten Mandelbiskuit in 3 cm dicke und 20 cm lange Streifen schneiden und mit Puderzucker bestreut dazuservieren.

Geschmorter Pfirsich
in Akazienhonig und Lavendel mit Nussziegeln

Zubereitungszeit 1 Std.
Zutaten für 4 Personen

4 Pfirsiche
4 EL Akazienhonig
1 Lavendelzweig

Für die Nussziegel
50 g Butter
100 g Zucker
25 g Mehl
50 ml Orangensaft
100 g gehackte Nüsse

1. Den Backofen auf 180° vorheizen. Die Pfirsiche waschen, halbieren und den Kern entfernen. Die Pfirsichhälften mit der Hautseite nach oben in eine Auflaufform legen. Mit Akazienhonig beträufeln und den Lavendelzweig dazulegen. Die Pfirsiche für 10–15 Min. in den Ofen geben; je nach Reife der Pfirsiche benötigen sie eine längere oder kürzere Garzeit. Sobald die Pfirsiche gar sind, lässt sich die Haut ganz einfach abziehen.

2. Inzwischen für die Nussziegel die Butter in einem Topf zerlassen. Zucker, Mehl, Orangensaft, Nüsse und flüssige Butter in eine Küchenmaschine geben und alles gründlich miteinander verkneten. Die Masse erkalten lassen.

3. Aus der Masse haselnussgroße Nocken formen und mit einem Abstand von 6 cm auf ein mit Backpapier belegtes Backblech geben. Die Nussziegel bei 180° in ca. 5 Min. bis zur einer leichten Bräunung backen.

4. Die lauwarmen Pfirsiche mit den Nussziegeln anrichten, als Dekoration Lavendelzweige verwenden.

MICHAELA PETERS' TIPP

- **Pfirsiche stammen, genau wie die ihm verwandten Aprikosen, ursprünglich aus China. Es gibt gelbfleischige und weißfleischige Sorten zu kaufen, wobei die weißfleischigen über ein deutlich intensiveres Aroma verfügen.**
- **Wer den Gegensatz von warmen und kalten Desserts mag, sollte die geschmorten Pfirsiche unbedingt einmal mit Pistazieneis probieren.**

Moelleux au chocolat
Lauwarmer Schokoladenkuchen

Zubereitungszeit 30 Min.
Zutaten für 8 Personen

125 g Bitterschokolade
125 g Butter
4 Eier
125 g Zucker
60 g Mehl
Butter für die Formen

Außerdem
8 Schälchen oder kleine Kaffeetassen (ca. 125 ml)

1. Den Backofen auf 200° vorheizen. Die Schokolade grob hacken und zusammen mit der Butter in einer Metallschüssel über einem heißen Wasserbad unter stetigem Rühren schmelzen, dann beiseitestellen.

2. Die Eier mit dem Zucker in einer Schüssel zu einer hell-schaumigen Masse aufschlagen. Anschließend unter die Schokoladenbutter ziehen und dann vorsichtig das Mehl untermengen.

3. Den Schokoladenteig in gebutterte Schälchen oder kleine Tassen geben und für ca. 10 Min. im Ofen backen. Der Kuchen soll innen noch flüssig sein. Warm servieren!

MICHAELA PETERS' TIPPS

- **Übrig gebliebener Teig lässt sich gut verschlossen im Kühlschrank aufheben oder auch einfrieren.**
- **Der Moelleux au chocolat schmeckt besonders gut mit säuerlichen Sorbets, wie z. B. einem Sauerkirschsorbet. Dazu 250 g gefrorene Sauerkirschen mit 125 ml Wasser und 115 g Zucker aufkochen, anschließend leicht auskühlen lassen und mit einem Stabmixer fein pürieren. Die pürierte Masse in einer Gefrierdose für mindestens 12 Std. ins Gefrierfach geben.**
- **Sie können auch Sauerkirschen aus dem Glas verwenden. Dann müssen Sie 240 ml des Saftes abmessen und evtl. mit etwas Wasser und Zucker auffüllen, bis die Menge den vorgegebenen 240 ml entspricht.**

Meine Menüempfehlungen

Unsere Lieblingsmenüs

MENSCHEN, die uns sehr viel bedeuten, möchten wir auch kulinarisch verwöhnen. Jedes Fest, jeder **feierliche Anlass** erhält gerade durch ein exquisites Menü seine unverwechselbare Note. Meine Lieblingsmenüs sind leicht, abwechslungsreich, praktisch vorzubereiten und so zusammengestellt, dass in der Küche keine übertriebene Hektik ausbricht. So können Sie als **Küchenchef** mit Ihren Gästen das Fest und vor allem Ihr Drei-Gänge-Menü voll und ganz genießen.

Offene Champignonravioli
mit frittierten Kräutern

Zubereitungszeit 45 Min.
Zutaten für 4 Personen

300 g Champignons
300 g Egerlinge
2 Schalotten
50 g Butter
500 ml Geflügelbrühe (aus dem Glas oder siehe Grundrezept, Seite 188)
200 g Sahne
Salz | schwarzer Pfeffer
1/2 Bund glatte Petersilie
1/2 Bund Basilikum
8 Wan-tan-Blätter

Für das Petersilien-Pesto
1 kleines Bund glatte Petersilie
4–6 EL Olivenöl
Salz | schwarzer Pfeffer
1 EL geriebener Parmesan

Außerdem
Öl zum Frittieren

Weinempfehlung

ein leichter Grauburgunder, Pinot Gris, Pinot Grigio

1. Die Pilze putzen, die Stiele etwas abschneiden und die Pilze in gleich große Stücke schneiden. Die Schalotten schälen und in kleine Würfel schneiden.

2. In einem Topf die Butter zerlassen und die Schalottenwürfel darin bei geringer Hitze anschwitzen. Die Pilze dazugeben und in ca. 5 Min. anbraten. Mit der Geflügelbrühe ablöschen, 5 Min. köcheln lassen. Die Pilze aus der Brühe heben und in einem Sieb abtropfen lassen. Die Brühe bei mittlerer Hitze auf die Hälfte der Menge einkochen lassen.

3. Für das Pesto die Petersilie waschen, trockenschütteln und die Blätter von den Stielen abzupfen. Die Petersilienblätter zusammen mit dem Olivenöl, etwas Salz und Pfeffer sowie dem geriebenen Parmesan mit einem Stabmixer zu einem Pesto pürieren.

4. Die Sahne in die Sauce gießen und die Sauce bei geringer Hitze 5–8 Min. köcheln lassen; danach mit Salz und Pfeffer würzen. Kurz vor dem Servieren die Champignons dazugeben.

5. Petersilie und Basilikum waschen, trockentupfen und die Blätter abzupfen. In einen kleinen Topf 2–3 cm hoch Öl füllen und stark erhitzen. Die Kräuterblätter darin in zwei Portionen kurz (ca. 20 Sek.) frittieren (Achtung, es spritzt!). Mit einer Schaumkelle die Blättchen herausheben und auf Küchenpapier abtropfen lassen, mit Salz würzen.

6. Die Wan-tan-Blätter in kochendem Wasser ca. 2 Min. abkochen. In tiefe Teller erst 1 Wan-tan-Blatt legen, die Champignons in der Sauce darauf verteilen und mit 1 weiteren Wan-tan-Blatt bedecken. Erneut etwas Sauce darübergeben und mit den frittierten Kräutern anrichten. Das Pesto dazureichen.

Wildschweinmedaillons
mit Nüssen auf Feigenrotkraut

Zubereitungszeit 2 Std. 30 Min.
Kühlzeit 12 Std.
Marinierzeit 12 Std.
Zutaten für 4 Personen

1/2 Rotkohl
300 ml Rotwein
1 EL gemahlener Zimt
120 ml Rotweinessig
140 g Zucker
50 g gehackte Haselnüsse
100 g weiche Butter
80 g Paniermehl
1 Zwiebel
2 EL Gänseschmalz
100 g getrocknete Feigen
500 g Wildschweinfilet (alternativ Hirsch- oder Rehfilet)
2 EL Sonnenblumenöl
Salz | schwarzer Pfeffer

Weinempfehlung

ein trockener, gehaltvoller Rotwein aus der Syrah-Traube von der Côte du Rhone

1. Den Rotkohl vom Strunk befreien und die Blätter in feine Streifen schneiden. In ein Gefäß geben und mit Rotwein, Zimt, 100 ml Rotweinessig und 100 g Zucker für 12 Std. abgedeckt an einem kühlen Ort marinieren.

2. Die gehackten Haselnüsse in einer Pfanne bei mittlerer Hitze ohne Fett hellbraun rösten, auskühlen lassen. Butter, Haselnüsse und Paniermehl in einer Schüssel vermengen. Die Butter-Haselnuss-Mischung auf eine Klarsichtfolie geben und zu einer Rolle formen. Über Nacht kalt stellen.

3. Nach der Marinierzeit die Zwiebel schälen und in Streifen schneiden. In einem hohen Topf (ca. 22 cm Ø) das Gänseschmalz zerlassen und die Zwiebelstreifen glasig anschwitzen. Den Rotkohl in ein Sieb geben, die Marinade in einer Schüssel auffangen. Den Rotkohl zu der Zwiebel in den Topf geben und mit anschwitzen. Die Marinade hinzugeben und mit Wasser auffüllen, bis der Rotkohl bedeckt ist. Alles 1 1/2 Std. mit geschlossenem Deckel köcheln lassen, gelegentlich umrühren.

4. Die Trockenfeigen in Streifen schneiden und 15 Min. vor Ende der Garzeit des Rotkohls hinzugeben. Den Rotkohl mit 2 EL Zucker und 1–2 EL Essig abschmecken. Der Kochsud sollte komplett vom Rotkohl aufgesogen sein. Durch die Zugabe des Zuckers karamellisiert der Rotkohl leicht und wird glänzend.

5. Den Backofen auf 180° vorheizen. Den ausgelösten Wildschweinrücken in gleich große Medaillons schneiden. In einer Pfanne 2 EL Sonneblumenöl erhitzen und die Medaillons bei großer Hitze rundum ca. 2 Min. anbraten. Mit Salz und Pfeffer würzen. Die Haselnussbutter in Scheiben schneiden und auf die Medaillons legen. Je nach Dicke der Medaillons für 5–8 Min. im Backofen garen.

6. Den Feigenrotkohl auf vorgewärmte Teller verteilen und die Wildschweinmedaillons darauf anrichten.

MICHAELA PETERS' TIPPS

- **Die Sauce vom Rehfilet (siehe S. 93) passt hervorragend dazu.**
- **Wildschwein hat einen intensiveren Geschmack als Reh; frisches Wildschwein gibt es ab Ende Juni bis Ende Januar. Wer sein Menü jahreszeitlich ausrichten möchte, dem empfehle ich dieses Menü für die späteren herbstlichen Monate.**

Gewürzbirnen
mit Karamellparfait

Besonders feste Birnen schälen und in kochendem Wasser und Weißwein zu gleichen Teilen sowie etwas Zucker und 1 Bio-Zitrone ca. 10 Min vorgaren. Dann bei Schritt 3 fortfahren.

a Die Birnen mit der warmen Gewürz-Honig-Mischung begießen.
b Auch im Backofen immer wieder mit dem sich sammelnden Gewürzhonig überglänzen.

Weinempfehlung

ein lieblicher, aber lebendiger Weißwein vom Loiretal, z. B. ein weißer Côteaux du Layon Chenin

Zubereitungszeit 45 Min.
Garzeit 15–20 Min.

Gefrierzeit 12 Std.
Zutaten für 4 Personen

Für das Karamellparfait

150 g Zucker
150 g Milch
5 Eigelbe
350 g Sahne

Für die Gewürzbirnen

4 Birnen
1 Vanilleschote
100 g Honig
2 Sternanise
1 Zimtstange
1 TL Kardamomkörner

1. Für das Karamellparfait in einem mittelgroßen Topf 100 g Zucker bei mittlerer Hitze goldbraun karamellisieren lassen. Dann Milch unter Rühren dazugießen. Einmal aufkochen lassen. Vom Herd nehmen und lauwarm auskühlen lassen.

2. Den übrigen Zucker mit den Eigelben in einer Metallschüssel verrühren. Die noch warme Milchmischung unter stetigem Rühren in die Zucker-Eigelb-Masse gießen. Die Mischung über einem heißen Wasserbad zur Rose abziehen (siehe Kochschule, S. 98 f.), auskühlen lassen. Die Sahne mit dem Handrührgerät steif aufschlagen und unter die Masse heben. Die Masse in eine mit Frischhaltefolie ausgekleidete Form füllen und 12 Std. im Gefrierfach gefrieren.

3. Ca. 40 Min. vor dem Servieren den Backofen auf 170° vorheizen. Die Birnen schälen und in eine flache Auflaufform stellen. Die Vanilleschote mit einem scharfen Messer längs aufschneiden und das Mark herauskratzen. Den Honig mit sämtlichen Gewürzen, einschließlich der Vanilleschote in einem kleinen Topf erwärmen.

4. Die warme Gewürz-Honig-Mischung über die Birnen gießen. Die Birnen für 15–20 Min. in den Backofen geben. Gelegentlich mit dem Honig, der sich in der Auflaufform sammelt, beträufeln.Die karamellisieretn Gewürzbirnen aus dem Ofen nehmen und etwas abkühlen lassen.

5. Die noch warmen Birnen auf Tellern anrichten und mit etwas Honig-Gewürz-Sud übergießen. Das Karamellparfait dazuservieren.

Zitronengras-Spieße
mit Lachs und gegrillten Zucchini

Zubereitungszeit 30 Min.
Zutaten für 4 Personen

400 g frischer Lachs
1 Bund Estragon
Salz | schwarzer Pfeffer
6 EL fruchtiges Olivenöl
1 Zucchino
3 EL Sonnenblumenöl
4 Stängel Zitronengras
200 g Rucolasalat
Saft von 1 Limette

Weinempfehlung

ein trockener, frischer Weißwein aus Südfrankreich, z. B. ein Bandol

1. Den Lachs in 12 ungefähr 3 cm große Würfel schneiden. Den Estragon waschen, trockenschütteln, die Blättchen abzupfen und grob schneiden. Die Lachswürfel mit 2 EL Estragon, Salz, Pfeffer und 1 EL Olivenöl marinieren. Den restlichen Estragon für den Salat aufbewahren.

2. Den Zucchino waschen und in 16 ca. 1 cm dicke Scheiben schneiden – je nach Durchmesser der Zucchinischeiben diese halbieren. In einer Pfanne 2 EL Sonnenblumenöl erhitzen und die Zucchinischeiben darin kurz auf beiden Seiten anbraten.

3. Das Zitronengras von den äußeren Blättern befreien. Mit 1 Zucchinischeibe beginnend die Zucchinischeiben und die Lachswürfel abwechselnd auf das Zitronengras spießen.

4. In einer beschichteten Pfanne 1 EL Sonnenblumenöl erhitzen und die Zitronengras-Spieße darin von allen Seiten bei geringer Hitze anbraten, dabei leicht Farbe annehmen lassen.

5. Den Rucolasalat waschen, trockenschleudern und in eine Salatschüssel geben. Limettensaft, übriges Olivenöl und den restlichen Estragon zu einem Dressing verrühren. Mit Salz und Pfeffer abschmecken und den Rucolasalat mit der Salatsauce anmachen.

6. Den Salat auf Tellern anrichten und je einen Lachsspieß dazugeben. Etwas von der Salatmarinade aus der Salatschüssel über den Spieß träufeln.

MICHAELA PETERS' TIPPS

- **Wie Sie die Zitronengras-Spieße zubereiten, sehen Sie in einzelnen Step-Bildern auf Seite 83; zur Qualität des Olivenöls lesen Sie bitte auf Seite 75.**
- **Jahreszeitlich gesehen ist Menü 2 ein passendes Sommermenü.**

Kalbshüfte mit Rosmarinkruste, Cocktailtomaten und jungem Spinat

a Butter, fein gehackter Rosmarin und das Paniermehl in eine Schüssel geben.
b Alles schnell miteinander zu einer kompakten Masse vermischen. Die Rosmarinbutter auf Frischhaltefolie geben und wie zu einer Pralinenrolle aufrollen. Die Folie fest anziehen und die Butter mindestens 2 Std., besser über Nacht, kalt stellen.

Weinempfehlung

ein leichter Blauburgunder aus dem Elsass, z. B. ein Pinot noir oder ein Cabernet Sauvignon

Zubereitungszeit 1 Std. 15 Min.
Kühlzeit 1 Nacht

Zutaten für 4 Personen

1 Bund Rosmarin | 100 g weiche Butter
80 g Paniermehl
5 EL Olivenöl
500 g Kalbshüfte (vom Metzger pariert und gebunden)
ca. 20 Cocktailtomaten
1 Knoblauchzehe
Salz | schwarzer Pfeffer
100 g junger Spinat
Meersalz (z. B. Fleur de sel)

1. Am Vortag: Den Rosmarin waschen, trockenschütteln und 1 Zweig für die Cocktailtomaten beiseite legen. Vom übrigen Rosmarin die Nadeln vom Stiel abstreifen und klein schneiden. Butter, Rosmarin und Paniermehl zu einer festen, kompakten Masse verkneten. Die Rosmarinbutter in Frischhaltefolie geben, wie zu einer Praline aufrollen und über Nacht kalt stellen.

Am nächsten Tag

2. Den Backofen auf 180° vorheizen. In einem Bräter 2 EL Olivenöl erhitzen, die Kalbshüfte darin von allen Seiten anbraten und anschließend für 10 Min. in den Ofen geben. Herausnehmen, in Aluminiumfolie wickeln und 10 Min. ruhen lassen. Den Ofen nicht abschalten.

3. Die Cocktailtomaten an der Rispe lassen und waschen. Aus den Rispen mit einer Schere 4 Teile mit je 5 Tomaten zuschneiden. Die Strauchtomaten in eine Auflaufform geben, mit 1–2 EL Olivenöl übergießen, den übrigen Zweig Rosmarin und die ungeschälte, leicht angedrückte Knoblauchzehe dazugeben. Mit Salz und Pfeffer würzen. Alles für ca. 5–8 Min. in den Ofen geben. Platzt die Haut der Tomaten an der Oberfläche auf, sind die Tomaten gar.

4. Die kalte, schnittfeste Rosmarinbutter in 1 cm dicke Scheiben schneiden. Den Kalbsbraten dick mit den Butterscheiben belegen; den Braten erneut für 10–15 Min. in den Ofen geben.

5. Den jungen Spinat putzen, gründlich waschen und trockenschleudern. Mit 1–2 EL Olivenöl, Salz und Pfeffer würzen und auf Tellern anrichten.

6. Die Kalbshüfte in Scheiben schneiden und auf dem Spinat anrichten. Mit dem Bratensaft, der sich in dem Bräter gebildet hat, übergießen und mit etwas Meersalz bestreuen. Die Cocktailtomaten dazuservieren.

Melonensuppe
mit weißem Portwein

Zubereitungszeit 15 Min.
Kühlzeit mindestens 30 Min.
Zutaten für 4 Personen

200 g Zucker
200 ml weißer Portwein
3 Zweige Zitronenmelisse
1 Honigmelone
1/2 Wassermelone
1 Cavaillonmelone

Weinempfehlung

ein weißer Portwein oder ein Glas Champagner

1. Den Zucker mit 300 ml Wasser in einem Topf zum Kochen bringen, erkalten lassen und anschließend den Portwein dazugießen und umrühren.

2. Die Zitronenmelisse waschen, trockenschütteln und einige Blätter als Dekoration beiseitelegen. Die übrigen Blättchen von den Stielen zupfen, in feine Streifen schneiden und in den Portweinsirup geben.

3. Die Melonen schälen, halbieren und jeweils das Kerngehäuse mit einem Löffel herauskratzen. Das Fruchtfleisch jeweils in etwa 2 cm große Würfel schneiden oder mit einem Pariser Ausstecher in Kugeln aus den Melonen herausdrehen.

4. Die Melonenwürfel in den Sirup geben und für mindestens 30 Min. kalt stellen. Die Melonensuppe in Schälchen oder Gläsern anrichten und mit den Zitronenmelisseblättchen dekoriert servieren.

MICHAELA PETERS' TIPP

Melonen sind »en vogue«, und das ganz zu Recht: Die saftigen, erfrischenden Mitglieder aus der Familie der Gurkengewächse sollten jedoch im vollreifen Zustand gekauft und so bald wie möglich verzehrt werden. Der »Italienimport« Katharina von Medici machte die großen, im reifen Zustand schweren Früchte am französischen Hof salonfähig. Honigmelonen sind kleiner, gelb und sehr zuckrig; Wassermelonen sind die bekannten grünen, medizinballgroßen Früchte mit sehr wasserhaltigem Fruchtfleisch; die Cavaillonmelone (wie die Honigmelone ebenfalls eine Zuckermelone), besticht durch ihr orangefarbenes aromatisches Fruchtfleisch.

Lackierte Entenbrust
mit Feldsalat

Zubereitungszeit 45 Min.
Abtropfzeit 4 Std.
Zutaten für 4 Personen

Für den Salat
2 Joghurt natur, à 150 g
500 ml Orangensaft
1 EL Sojasauce
schwarzer Pfeffer
200 g Feldsalat

Für die Entenbrust
2 kleine Entenbrüste à ca. 200 g
1/2 TL Korianderkörner
1 Prise gemahlener Szechuanpfeffer
50 g Honig
1 daumengroßes Stück Ingwer

Weinempfehlung

ein trockener Gewürztraminer

1. Für die Salatsauce den Joghurt in ein feines Sieb oder Geschirrtuch geben und mindestens 4 Std. abtropfen lassen. Inzwischen den Orangensaft in einen Topf geben und auf 100 ml Flüssigkeit reduzieren, anschließend erkalten lassen.

2. In einer Salatschüssel Orangensaft, Joghurt und Sojasauce miteinander verrühren und mit Pfeffer abschmecken.

3. Den Backofen auf 180° vorheizen. Die Entenbrüste auf der Hautseite mit einem scharfen Messer gleichmäßig kreuzförmig einschneiden, ohne dabei das Fleisch zu verletzen. Die Entenbrüste in einer beschichteten Pfanne bei mittlerer Hitze auf der Hautseite ohne zusätzliches Fett 5 Min. anbraten. Anschließend wenden und weitere 2–3 Min. braten.

4. Den Koriander im Mörser zerstoßen. Den Szechuanpfeffer und den Koriander mit dem Honig vermengen. Den Ingwer schälen, auf einer feinen Reibe reiben und ebenfalls unter den Honig mischen. Die Entenbrüste auf der krossen Hautseite mit der Honigmischung bestreichen. In einer Auflaufform für 5–8 Min. in den Backofen geben.

5. Die Entenbrüste aus dem Ofen nehmen und für mindestens 5 Min. mit Alufolie abgedeckt ruhen lassen. Inzwischen den Feldsalat putzen, gründlich waschen, trockenschleudern und mit der Salatsauce vermengen.

6. Den Salat auf Tellern anrichten. Die Entenbrüste in 1/2 cm dünne Scheiben aufschneiden, an den Salat legen und mit dem Honig aus der Auflaufform beträufeln. Nach Geschmack noch etwas Salatsauce in Schälchen dazuservieren.

Die Entenbrust auf der Hautseite mit einem sehr scharfen Messer kreuzförmig einschneiden – dabei aufpassen, dass man nicht ins Fleisch einschneidet. Die Honigsauce und das Übergrillen bewirken, dass die Haut der Entenbrust schön kross wird.

Gefüllte Rotbarbe
mit Mangold und Zitronen-Oliven-Sauce

Zubereitungszeit 1 Std. 30 Min.
Zutaten für 4 Personen

4 große Rotbarben, à 200–300 g
100 g Schweinenetz (beim Metzger bestellen)
etwas Essig
1 Mangold à ca. 500 g
50 g getrocknete Tomaten
100 g Parmesan
2 Toastbrotscheiben
10 EL Olivenöl und Öl für die Form
Salz | schwarzer Pfeffer
4–5 EL Zitronensaft

Weinempfehlung

ein gehaltvoller Rotwein, z. B. ein Collioure aus dem Roussillon, Südfrankreich

1. Die Rotbarben mit dem Messerrücken vom Kopf zum Schwanz hin abschuppen, anschließend abwaschen und filetieren (siehe Kochschule, S. 170 f.). Das Schweinenetz unter fließendem kaltem Wasser waschen und anschließend für ca. 10–15 Min. in eine Schüssel mit kaltem Essigwasser legen.

2. Für die Füllung den Strunk des Mangolds abschneiden, die Blätter einzeln abtrennen und waschen. Den grünen oberen Teil abschneiden, in 1/2 cm breite Streifen schneiden und in eine Salatschüssel geben. Die getrockneten Tomaten in feine Streifen schneiden, den Parmesan fein reiben und dazugeben.

3. Die Rinde von den Toastbrotscheiben schneiden. Das helle Brot in 1 cm kleine Würfel schneiden und zu dem Mangold dazugeben. 5 EL Olivenöl dazugeben (Tipp: das Öl von den eingelegten, getrockneten Tomaten nehmen), mit Salz und Pfeffer würzen und alle Zutaten gut miteinander vermengen.

4. Die Mangoldmischung auf den Rotbarbenfilets ca. 2 cm hoch gleichmäßig verteilen, mit der zweiten Fischhälfte bedecken und gut andrücken. Das gefüllte Rotbarbenfilet in ein Stück Schweinenetz einwickeln. Mit den übrigen Rotbarben genauso verfahren. Die Rotbarben anschließend in eine mit Olivenöl ausgeriebene Auflaufform setzen, salzen und pfeffern. Den Backofen auf 200° vorheizen.

5. Die weißen Mangoldstiele in 1 cm dicke Streifen schneiden und für ca. 8 Min. in kochendem Wasser garen, herausheben, in Eiswasser abschrecken und in einem Sieb abtropfen lassen. Die Rotbarben für 8–10 Min. in den Ofen geben.

6. 5 EL Olivenöl und 4 EL Zitronensaft in einem mittelgroßen Topf erhitzen. Mit Salz und schwarzem Pfeffer abschmecken. Die Mangoldstielstücke mit etwas Wasser in einem Topf erwärmen und in Schälchen anrichten. Die gefüllten Rotbarben auf Tellern mit dem Mangold und der Olivenölsauce servieren.

Die entsprechend vorbereitete Rotbarbe (siehe Kochschule, S. 170 f.) mit der Füllung füllen und fest in das Schweinenetz einpacken. Jahreszeitlich setze ich das Menü im späten Winter an; dann gibt es bereits Mangold und Zitronen in mediterranen Ländern.

a
b
e
f

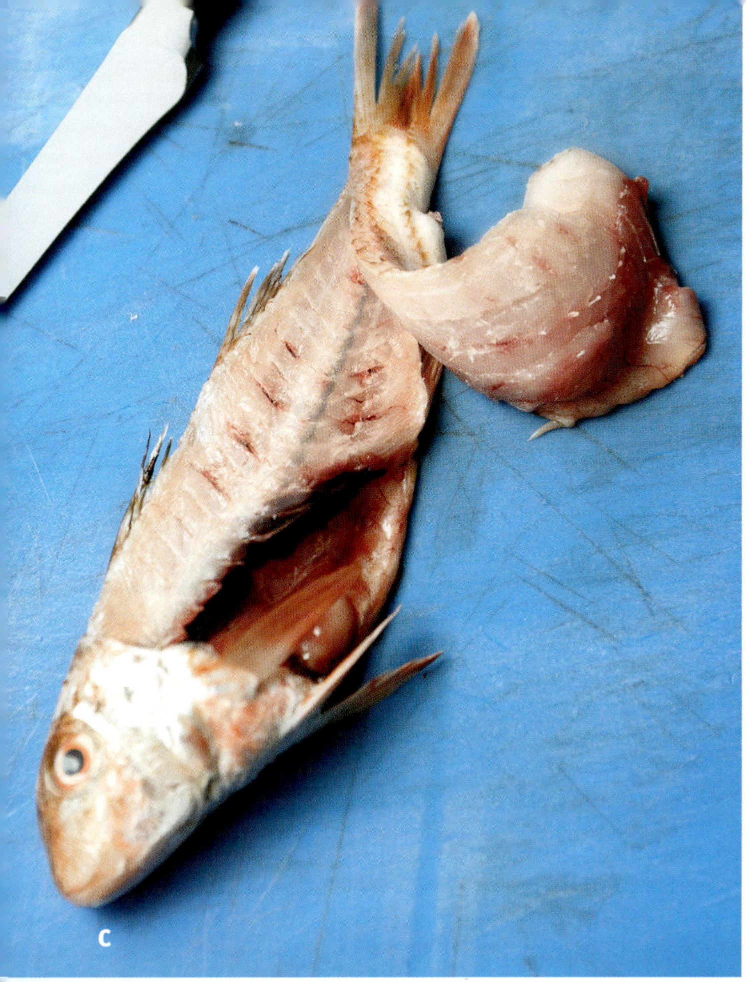

c

d

g

Kochschule:
Rotbarben filetieren

a Mit einem Filetiermesser am Kopf ansetzen und die Rotbarbe über den Rücken bis zur Schwanzflosse aufschneiden.

b Das Filet bis zur Schwanzflosse von den Mittelgräten losschneiden.

c Mögliche feine Gräten aus dem Filet am besten mit einer Pinzette herausziehen; die Filets bleiben an der Schwanzflosse verbunden.

d Den Fisch wenden und mit der 2. Seite genauso verfahren: zuerst am Kopf einschneiden.

e Dann das Fischfilet vorsichtig von der Mittelgräte schneiden; auch hier mögliche kleine Gräten aus dem Filet herausziehen.

f So erhält man an der Schwanzflosse zusammenhängendes Fischfilet. Kopf und Mittelgräte lassen sich zu einem Fischfond weiterverarbeiten.

g Die Filets können nun mit einer Füllung belegt werden. Die zweite Filethälfte wird darübergeklappt.

Marinierte Ananas
mit Rum und Kokoseis

Zubereitungszeit 45 Min.
Gefrierzeit 12 Std.
Zutaten für 4 Personen

Für das Kokoseis
100 ml Milch
180 g Zucker
500 ml Kokosmilch
Saft von 1 Limette
50 ml Kokoslikör

Für die marinierte Ananas
50 g Zucker
1 Vanillestange
10 cl Rum
2 Babyananas

Weinempfehlung

ein eher lieblicher Weißwein, z. B. ein Jurançon moeulleux

1. Die Milch mit dem Zucker in einem Topf aufkochen, vom Herd nehmen und auskühlen lassen. Kokosmilch, Limettensaft und Kokoslikör dazugeben, alles gut verrühren und in eine Eismaschine geben. Alternativ die Masse in einer Gefrierdose im Tiefkühlfach für mindestens 12 Std. gefrieren lassen.

2. Den Zucker mit 4 EL Wasser in einem kleinen Topf zum Kochen bringen und auskühlen lassen. Inzwischen die Vanillestange halbieren und das Vanillemark mit einem kleinen Messer herauskratzen. Den Rum und das Vanillemark in den Sirup rühren.

3. Die Babyananas gründlich mit einem Messer schälen und längs in 2 cm dicke Scheiben schneiden. Diese in 8 cm lange Streifen schneiden. Die Ananasstreifen in dem Sirup mindestens 20 Min. marinieren.

4. Die Ananasstreifen in Schälchen anrichten und mit dem Kokoseis servieren.

MICHAELA PETERS' TIPP

Dieses Dessert liefert einen Hauch von Exotik, der besonders in den fruchtarmen Wintermonaten für Abwechslung sorgt. Kokosmilch wird übrigens künstlich aus frischen Kokosraspeln und heißer Milch oder Wasser hergestellt. Die Raspel werden in der Flüssigkeit angesetzt und dann ausgepresst.

Friséesalat
mit Tiroler Speck und pochiertem Ei

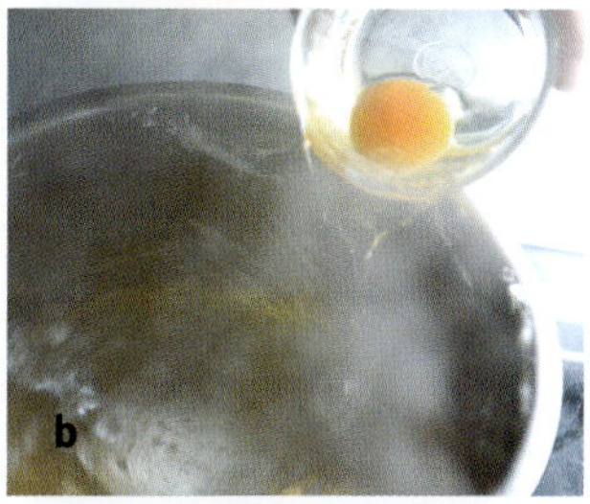

a Wichtig beim Pochieren von Eiern ist, dass sie in einzelne Tassen oder Gefäße aufgeschlagen werden.
b Ebenfalls einzeln in das heiße, mit etwas Essig versetzte Wasser gleiten lassen.
c Durch vorsichtiges Rühren das schnell gerinnende Eiweiß um das Eigelb ziehen.
d Nach ca. 2–3 Min. das pochierte Ei mit einer Schaumkelle herausheben.

Zubereitungszeit 30 Min.
Zutaten für 4 Personen

1 Kopf Friséesalat
1 Frühlingszwiebel
150 g Tiroler Speck
1 EL Weißweinessig
4 frische Eier (Größe M)
1 EL Sherryessig
Salz
schwarzer Pfeffer

Für die Vinaigrette
1 sehr frisches Ei (Größe M)
1 EL Senf | 1 EL Sherryessig
1 EL Madeira
250 ml Sonnenblumenöl
etwas Tabasco

Weinempfehlung

ein frischer, fruchtiger, am besten junger Weißburgunder

1. Von dem Friséesalat den Strunk entfernen, die Blätter waschen, trockenschleudern und klein zupfen. Die Frühlingszwiebel waschen und in dünne Ringe schneiden, zum Friséesalat dazugeben. Den Tiroler Speck in feine, ca. 4 cm lange Streifen schneiden.

2. Für die Vinaigrette in einem Mixer Ei, Senf, Sherryessig und Madeira schnell durchmischen. Auf kleinerer Stufe weitermixen und das Öl dabei langsam einfließen lassen. Die Vinaigrette mit Tabasco abschmecken.

3. In einem Topf 1 l Wasser mit 1 EL Weißweinessig zum Kochen bringen. Die Eier aufschlagen und in je eine Tasse geben. Das Wasser mit einem Schneebesen kräftig umrühren und die Eier nach und nach hineingleiten lassen – bei frischen Eiern schließt sich das Eiweiß sofort um das Eigelb, sonst mit einem Kochlöffel etwas nachhelfen und mit einem Löffel das Eiweiß um das Eigelb wickeln.
Die Eier 2–3 Min. pochieren. Danach mit einem Schaumlöffel herausheben und kurz in eine Schüssel mit warmem, klaren Wasser tauchen, um den leichten Essiggeschmack zu entfernen.

4. Den Tiroler Speck in einer Pfanne ohne zusätzliches Öl in ca. 2 Min. bei mittlerer Hitze knusprig braten; dann mit 1 EL Sherryessig ablöschen. Den Friséesalat mit der Vinaigrette anmachen und auf vier Tellern anrichten. Den warmen Tiroler Speck darauf verteilen und je 1 pochierte Ei dazulegen. Mit Salz und Pfeffer würzen.

Zandertournedos
mit dicken Bohnen

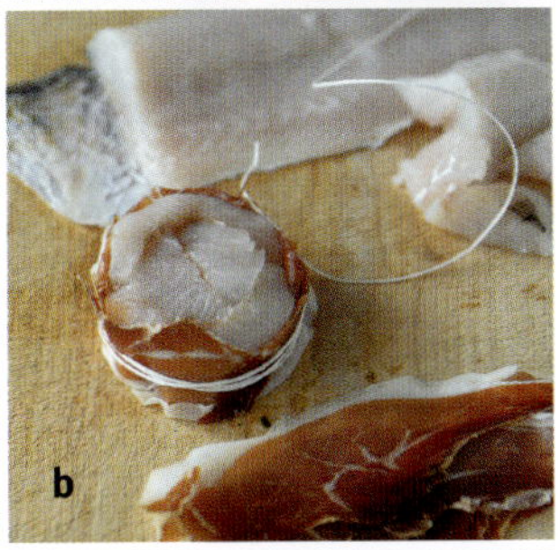

a Tournedos formt man, indem man zartes, völlig fettfreies Fleisch kreisförmig zusammenrollt.
b Die Rollen fest mit dem Schinken umhüllen, damit die Tournedos in Form bleiben.
c Die Tournedos mit Küchengarn fest umbinden.

Zubereitungszeit 1 Std. 30 Min.
Zutaten für 4 Personen

200 g frische dicke Bohnen (alternativ aus der Dose)
200 g Zanderfilet ohne Haut
Salz | schwarzer Pfeffer
4 Scheiben geräucherter Schinken oder durchwachsener Speck
1 EL Sonnenblumenöl
2 EL Butter | 250 g Sahne
1 TL getrocknetes Bohnenkraut

Außerdem
Küchengarn

1. Die Bohnen von den Hülsen befreien, waschen und in kochendem Wasser 5–10 Min. garen, dann abgießen und in einem Sieb abtropfen lassen.

2. Inzwischen die Zanderfilets häuten (siehe Kochschule, S. 38 f.) und in 2 1/2 cm breite Streifen schneiden. Mit wenig Salz und Pfeffer würzen, zusammenrollen und zu vier gleich großen Tournedos formen.

3. Die Zandertournedos mit den Schinkenscheiben umwickeln und mit Küchengarn fest umbinden. In einer beschichteten Pfanne das Sonnenblumenöl erhitzen und die Tournedos von allen Seiten in 4–5 Min. bei großer Hitze anbraten.

4. Die Bohnen in einem Topf mit 2 EL Butter und etwas Wasser 2–3 Min. köcheln lassen. Die Sahne in einem Topf mit dem Bohnenkraut aufkochen und mit Salz und Pfeffer abschmecken. Die dicken Bohnen in einem tiefen Teller anrichten, das Küchengarn von den Tournedos lösen und die Zandertournedos auf den Tellern anrichten. Die Sauce dazuservieren.

Weinempfehlung

ein ausdrucksvoller, aromatischer Weißwein, z. B. ein Sancerre Sauvignon blanc

MICHAELA PETERS' TIPP

Alternativ kann man die Bohnen auch in der Sahne direkt erhitzen, dadurch erhält sie eine besondere Bindung und extra Bohnenaroma.

Blaubeertörtchen
mit Mascarponemousse

Zubereitungszeit 40 Min.
Backzeit 10–12 Min.
Kühlzeit 30 Min.
Zutaten für 4 Personen

Für den Teig
100 g Puderzucker
150 g Butter
1 Ei
250 g Mehl und Mehl für die Arbeitsfläche
40 g gemahlene Mandeln
1 große Prise Salz

Für die Mascarponemousse
75 g Zucker
2 Eigelbe
1 Ei
375 g Mascarpone

Außerdem
getrocknete Erbsen zum Blindbacken
300 g frische Blaubeeren (alternativ: TK-Blaubeeren)
Butter für die Formen

Weinempfehlung

ein lieblicher Dessertwein, z. B. ein Banyuls aus dem Süden Frankreichs

1. Für den Teig Puderzucker und Butter mit dem Handrührgerät schaumig aufschlagen. Das Ei dazugeben und untermischen. Dann Mehl, Mandeln und Salz zufügen, unterkneten und den Teig in Folie gewickelt 30 Min. kalt stellen.

2. Den Backofen auf 180° vorheizen. Den Teig auf einer bemehlten Arbeitsfläche 1/2 cm dick ausrollen und kleine gefettete Backformen (z. B. Muffinsformen) damit auslegen. Den Teigboden mit einer Gabel etwas einstechen, die Erbsen einfüllen und die Törtchen im Ofen 10–12 Min. goldbraun backen. Herausnehmen, die Erbsen entfernen und die Törtchen auskühlen lassen.

3. Die frischen Blaubeeren gründlich waschen und gut abtropfen lassen.

4. Für die Mascarponemousse Zucker, Eigelbe und Ei mit dem Handrührgerät weiß-schaumig aufschlagen – die Masse sollte fest und kompakt sein. Mascarpone in eine Schüssel geben und mit dem Schneebesen durchrühren, anschließend die Zucker-Ei-Masse unter den Mascarpone heben. Die Mascarponemousse 15 Min. kalt stellen.

5. Die frischen Blaubeeren in die gebackenen Törtchen füllen und die Mascarponemousse darauf verteilen.

MICHAELA PETERS' TIPP

Blaubeeren oder Heidelbeeren haben im Frühsommer Saison. Ihr Aroma ist unvergleichlich, aber nur wenn man wild wachsende Beeren bekommt. Zuchtbeeren sind fast doppelt so groß wie wild wachsende, aber leider weniger aromatisch, und nur die Schale enthält den blauen Farbstoff.

Blätterteigpastete
mit weißem Spargel, Estragon und frischen Erbsen

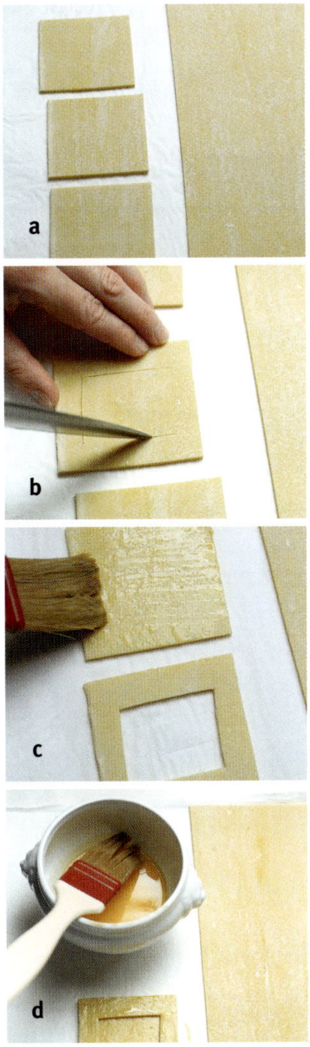

Zubereitungszeit 45 Min.

20 weiße Spargelstangen
1/2 Bio-Zitrone
1 EL Zucker | 100 g Butter
1 EL grobes Meersalz
(z. B. Fleur de sel)
Pro Person 5 Erbsenschoten
oder 100 g frische Erbsen
Salz | 1/2 Bund Estragon

Zutaten für 4 Personen

1 EL Mehl
200 g Sahne
schwarzer Pfeffer
4 Blätterteigpasteten

Weinempfehlung

ein spritziger, junger Weißwein,
z. B. ein Muscat d'Alsace

1. Den Spargel schälen und je nach Dicke mit Küchengarn zu einem Bund von 2–4 Stangen binden. Die unteren Enden gerade abschneiden.

2. In einem großen Topf (ca. 22 cm Ø) reichlich Wasser mit der Zitrone, dem Zucker, 1 EL Butter und 1 EL Meersalz zum Kochen bringen. Den Spargel 5–8 Min. darin kochen, herausheben und in Eiswasser abschrecken. Anschließend den Spargel auf einem Küchentuch abtropfen lassen. Das Spargelwasser für die Sauce aufheben.

3. Spargelspitzen ca. 7 cm lang abschneiden, die Stangen in 1 1/2 cm große Stücke schneiden. Die Erbsen aus den Schoten brechen, waschen und in kochendem Wasser mit 1 Prise Salz 3–5 Min. garen; in Eiswasser abschrecken und in einem Sieb abtropfen lassen. Den Estragon waschen und grob schneiden.

4. Den Backofen auf 180° vorheizen. Für die Sauce in einem Topf 2 EL Butter zerlassen und 1 EL Mehl hinzugeben, das Mehl farblos anschwitzen. Mit 150 ml Spargelwasser ablöschen. Mit dem Schneebesen gut umrühren und aufkochen lassen, dann die Sahne dazugießen und die Sauce ca. 10 Min. köcheln lassen, bis sie eine leichte Bindung hat. Mit Salz und Pfeffer abschmecken.

5. In einer Pfanne 1 EL Butter zerlassen und die Spargelspitzen und -stücke darin hellbraun anbraten, Estragon und Erbsen dazugeben, salzen und pfeffern. Die Blätterteigpasteten im Backofen für 3–5 Min. erhitzen.

6. Den gebräunten Spargel in die Blätterteigpasteten geben; dabei die Spargelspitzen herausragen lassen. Die Sauce mit dem Stabmixer aufschäumen, nochmals abschmecken und darübergießen.

a Aus fertigem, leicht angetautem TK-Blätterteig 8 x 8 cm große Quadrate schneiden.
b Aus 4 Quadraten 6 1/2 cm große Fenster herausschneiden.
c Den Boden mehrmals mit einer Gabel einstechen, mit Eigelb bestreichen und die ausgeschnittenen Rechtecke auflegen.
d Erneut mit Eigelb bestreichen. Bei 180° 8–10 Min. auf einem mit Backpapier belegten Blech im Backofen (Mitte) backen.

Forellenfilet

mit Kapern-Schalotten-Sauce und Pellkartoffeln

Zubereitungszeit 45 Min.
Zutaten für 4 Personen

Für das Forellenfilet
2 ganze Forellen oder 4 Forellenfilets
1 EL Sonnenblumenöl

Für die Pellkartoffeln
12 kleine neue festkochende Kartoffeln
1 EL grobes Meersalz (z. B. Fleur de sel)
1 Knoblauchzehe
1 Lorbeerblatt

Für die Kapern-Schalotten-Sauce
1 Bund Dill
1 Bund Schnittlauch
4 Schalotten
100 g Butter
1 TL zerstoßener schwarzer Pfeffer
60 g Kapern
Saft von 2 Zitronen
Salz | schwarzer Pfeffer

Weinempfehlung

ein gehaltvoller trockener Riesling, z. B. ein Riesling Grand Cru Kanzelberg, Lorentz/Bergheim

1. Die Forellen filetieren (siehe Kochschule, S. 38 f.) und anschließend die Gräten mit einer Zange oder Pinzette herausziehen.

2. Die Kartoffeln waschen und in einem Topf mit dem Meersalz, der ungeschälten, nur angedrückten Knoblauchzehe und dem Lorbeerblatt gar kochen. Die gegarten Kartoffeln kurz abschrecken und noch lauwarm pellen.

3. Den Dill und den Schnittlauch waschen, trockenschütteln und klein schneiden. Die Schalotten schälen, halbieren und in feine Streifen schneiden.

4. In einer beschichteten Pfanne das Sonnenblumenöl erhitzen und die Forellenfilets darin von beiden Seiten in jeweils 2–3 Min. anbraten. Die Forellen aus der Pfanne heben und auf gewärmte Teller legen.

5. Im gleichen Bratfett die Butter zerlassen und die Schalotten mit dem zerstoßenen Pfeffer darin anschwitzen. Die Kapern und den Zitronensaft dazugeben. Die Kräuter und die Kartoffeln ebenfalls dazugeben. Mit Salz und Pfeffer abschmecken und mit den Forellenfilets servieren.

MICHAELA PETERS' TIPP

Diese Sauce mag ich persönlich besonders gerne, da das Spiel der Säure mit dem zarten Forellenfleisch hervorragend gut harmoniert. Hier gibt der frisch gestoßene schwarze Pfeffer die entscheidende geschmackliche Note.

Erdbeercarpaccio
mariniert mit Szechuanpfeffer, dazu Biergranité

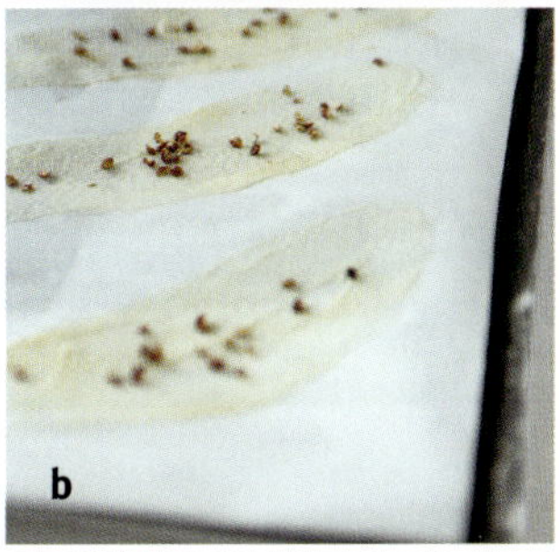

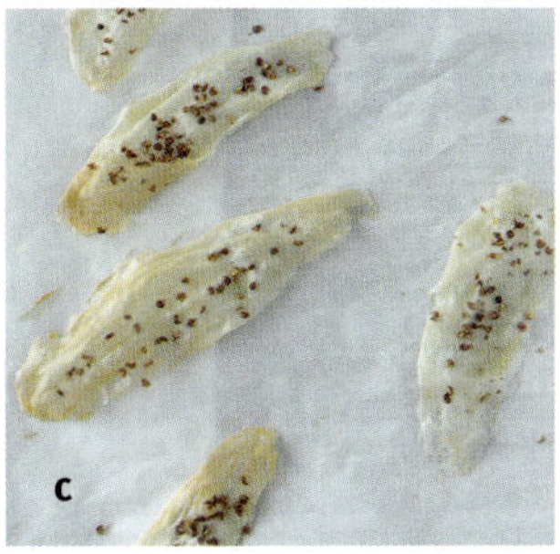

a Das gefrorene Biergranité lässt sich bequem mit einem Esslöffel abschaben.
b Den Teig der Szechuanziegel am besten auf Backpapier dünn aufstreichen.
b Mit dem restlichen Szechuanpfeffer bestreuen und 5–8 Min. backen.

Zubereitungszeit 40 Min.
Gefrierzeit 12 Std.
Backzeit 5–8 Min.
Kühlzeit 30 Min.
Zutaten für 4 Personen

Weinempfehlung

ein fruchtiger Sekt, z. B. ein Champagne rosé, oder ein Bier

Für das Biergranité
250 g Zucker | 75 g Honig
500 ml Altbier

Für die Szechuanziegel
50 g Butter
50 g Mehl
10 g Puderzucker
2 Eiweiße (Größe M)

Außerdem
250 g Erdbeeren
1 TL Szechuanpfeffer
75 g Zucker

1. Für das Biergranité den Zucker mit 250 ml Wasser und dem Honig aufkochen, erkalten lassen und anschließend das Altbier hinzugeben. Das Granité im Tiefkühlfach mindestens 12 Std. gefrieren. Anschließend mit einer Gabel oder einem Löffel das Granité abschaben.

2. Für die Szechuanziegel die Butter lauwarm zerlassen. Das Mehl mit dem Puderzucker in einer Rührschüssel mischen. Eiweiße und flüssige Butter hinzugeben und alles gut mit dem Handrührgerät vermengen. Den Teig für 30 Min. abgedeckt kalt stellen.

3. Die Erdbeeren waschen, dann das Grün entfernen. Die Früchte längs in hauchdünne Scheiben schneiden und gleich auf Tellern anrichten. Den Szechuanpfeffer im Mörser zerdrücken und 1 Prise für die Szechuanziegel zurückhalten. Den restlichen Szechuanpfeffer mit 75 ml Wasser und dem Zucker sirupartig aufkochen, vom Herd nehmen und auskühlen lassen. Mit diesem Sirup die Erdbeeren auf den Tellern dünn bepinseln.

4. Den Backofen auf 180° vorheizen. Den Teig auf ein mit Backpapier ausgelegtes Backblech gleichmäßig dünn aufstreichen, mit dem gemahlenen Szechuanpfeffer leicht bestreuen und für 5–8 Min. im Ofen backen.

5. Das Biergranité in kleine Schälchen geben und zu den Erdbeeren und den Szechuanziegeln servieren.

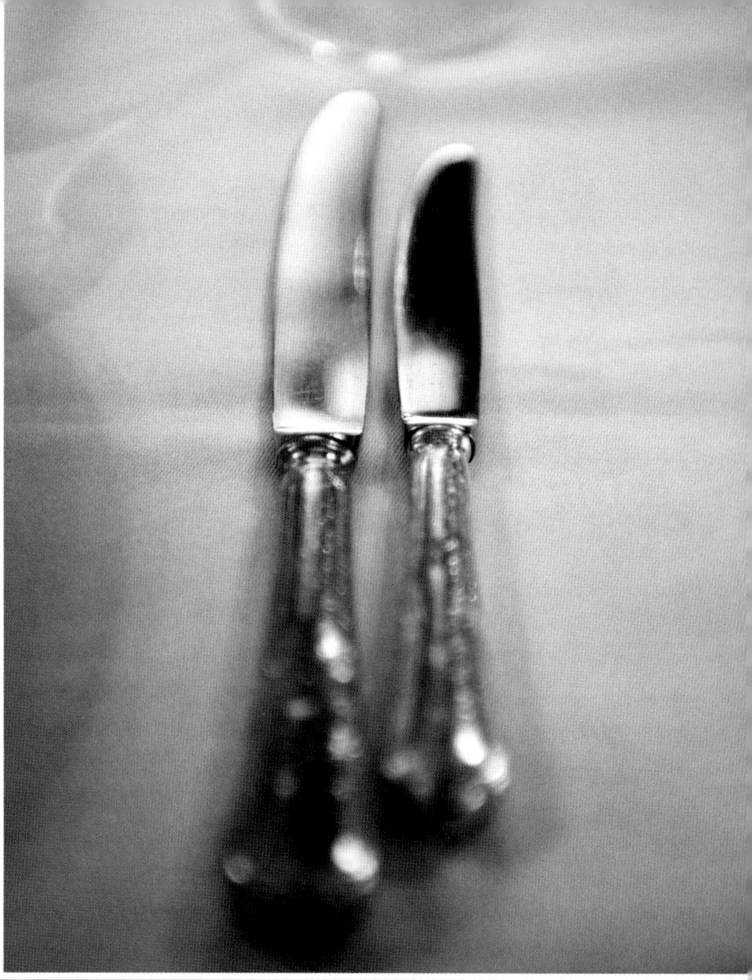

Tipps zur Menüzusammenstellung

Abwechslung ist bei der Komposition meiner Menüs das A und O. Deshalb werden Sie nie in einer Menüfolge dieselben Konsistenzen in Form von ähnlichen Saucen, Pürees oder Teigen finden. Auch die Zutaten werden so variiert, dass jeder Gang ein neues, exquisites Geschmackserlebnis bietet.

Das Würzen, die hohe Kunst der großen Küche, will geübt sein. Probieren Sie beim Kochen immer wieder zwischendurch, und schmecken Sie alle Gerichte noch einmal kurz vor dem Servieren mit den angegebenen Gewürzen ab.

Schon am Vortag Ihrer Einladung können Sie bei allen Menüs einen Großteil der Arbeit erledigen. So stehen Sie, wenn Ihre Gäste und Freunde eintreffen, nicht mehr allzu lange in der Küche und können den Abend entspannt genießen.

Wesentlich aromatischer sind die für die Menüs verwendeten Gemüse- und Obstsorten, wenn sie entsprechend ihrer natürlichen Vegetationsperiode im Frühling, Sommer, Herbst und Winter eingesetzt werden und/oder aus ökologischer Landwirtschaft stammen. Diese Produkte sind deutlich weniger von Schadstoffen belastet und wesentlich schmackhafter als Treibhausware. Auch sollten Sie Gemüse und Obst immer möglichst frisch verwenden, da nicht nur der Nährstoffgehalt während der Lagerung durch den Einfluss von Wärme, Licht und Sauerstoff abnimmt, sondern auch der Eigengeschmack deutlich nachlässt. Meine Menüs habe ich alle so kombiniert, dass sie mit den jeweiligen Jahreszeiten und dem frischen Angebot an Früchten und Gemüse korrespondieren.

Die Farbästhetik der jeweiligen Zutaten und Gewürze sowie die harmonische Verbindung der unterschiedlichen Konsistenzen vollenden jedes Menü. Auf den Bildern in diesem Buch sind alle Gerichte so abgebildet, wie sie vor dem Servieren aussehen sollten. Selbstverständlich können Sie jedes Gericht nach Belieben mit frischen Kräutern garnieren. Diese sollten jedoch im Idealfall immer mit den Gewürzen übereinstimmen, die ich in der Zutatenliste angegeben habe.

Eine ausgesuchte Tischdekoration, edles Geschirr, schöne Gläser und Besteck sowie feine Tischtücher und Servietten machen zusammen mit Blumen, Blättern oder Zweigen, die Sie je nach Jahreszeit variieren können, den sinnlichen Genuss eines Menüs perfekt. Wählen Sie eine intime und stimmungsvolle Beleuchtung, die jedoch nicht zu dunkel sein sollte, um die das Ergebnis Ihrer Kochkünste ins rechte Licht rücken.

Eine Weinempfehlung ist zu jedem Menü angegeben. Sollten Sie die empfohlenen Tropfen kurzfristig nicht bekommen, versuchen Sie bei der Weinauswahl bei der gleichen Rebsorte zu bleiben. In guten Weingeschäften oder bei einem Sommelier erhalten Sie die perfekte Beratung.

Die Menüs in diesem Kapitel sind hinsichtlich der Zutaten, des Geschmacks und ihrer Ästhetik sorgfältig aufeinander abgestimmt. Das betrifft auch die Portionsmengen, die entsprechend kleiner ausfallen, wenn Sie mehrere Gänge servieren. Sollte Ihnen ein Rezept so gut gefallen, dass Sie außerhalb einer Menüfolge für sich und Ihre Gäste zubereiten möchten, verdoppeln Sie bitte entsprechend die Mengenangaben.

Kalbsbrühe

Die dunkle Kalbsbrühe ist in der französischen Küche die Basis schlechthin. Als hocharomatische Grundlage gibt sie vielen Gerichten die nötige Würze.

Zutaten für ca. 1,5 l
2 Zwiebeln | 1/2 Lauchstange | 2 Karotten | 1 Stück Sellerie | 2 Knoblauchzehen | 1,5 kg Kalbsknochen 1 Stück Kalbsfuß (ca. 400 g) | 5 EL Pflanzenöl 3 EL Tomatenmark | 100 ml roter Portwein 1 Flasche Rotwein | Salz | 3 Lorbeerblätter 3 Thymianzweige | 1 TL schwarze Pfefferkörner

1. Das Suppengemüse küchenfertig vorbereiten und grob zerkleinern. Die Knoblauchzehen in der Schale mit der Hand andrücken. Kalbsknochen und Kalbsfußstück waschen und abtropfen lassen.

2. Das Öl in einem breiten, hohen Topf erhitzen und die Kalbsknochen darin bei mittlerer Hitze von allen Seiten dunkel anbraten – nicht zu heiß werden lassen, sonst könnte die Sauce bitter werden.

3. Zwiebeln, Karotten, Sellerie und Knoblauch dazugeben und ca. 10 Min. mitrösten; dann das Tomatenmark einrühren, weitere 5 Min. rösten und dann mit dem Portwein ablöschen. Diesen einkochen lassen. Mit dem Rotwein und ca. 2 l Wasser auffüllen, salzen, aufkochen und den Schaum abschöpfen.

4. Lauch und Kräuter zusammenbinden und nach 1 Std. Kochzeit mit den Pfefferkörnern dazugeben. Die Brühe insgesamt ca. 3 Std. bei geringer Hitze zugedeckt köcheln lassen.

5. Dann die Brühe durch ein feinmaschiges Sieb oder ein Tuch abgießen, erkalten lassen und das Fett von der Oberfläche abnehmen. Gleich weiterverwenden oder portionsweise einfrieren.

Variante Entenfond: Dieser wird genauso zubereitet, allerdings anstelle der Kalbsknochen mit Entenkarkassen.

Geflügelbrühe

Eigentlich geht auch ohne eine gute Geflügelbrühe in der ambitionierten Küche nichts: Dank des zarten Aromas ist sie vielseitig einsetzbar.

Zutaten für ca. 2 l
1 Suppenhuhn, ca. 1,2–1,5 kg
1 TL Salz
1 Zwiebel
1 Lauchstange
2 Karotten
1/2 Sellerieknolle
1 Bund Petersilie
2 Lorbeerblätter
1 TL schwarze Pfefferkörner
100 ml Weißwein

1. Das Suppenhuhn innen und außen waschen. In einen hohen Topf geben und mit 3 l Wasser übergießen. Aufkochen lassen und das Salz zugeben. Inzwischen das Suppengemüse küchenfertig vorbereiten. Die Petersilie waschen und trockenschütteln.

2. Nach ca. 1 Std. Garzeit sämtliches Gemüse, die Kräuter und die Pfefferkörner sowie den Weißwein zugeben und die Brühe weitere 1 1/2 Std. bei geringer Hitze zugedeckt köcheln lassen.

3. Nach Ende der Garzeit die Brühe durch ein feinmaschiges Sieb oder Passiertuch abgießen, auskühlen lassen und das Fett abnehmen. Gleich weiterverwenden oder portionsweise einfrieren.

Tipp: Das Suppenhuhn am besten weiterverwenden: Dazu die Haut abziehen, das Fleisch mit einer Gabel von den Knochen lösen und zerzupfen und z. B. als Suppeneinlage für eine Geflügelbrühe mit Mie-Nudeln (siehe S. 125) verwenden.

Fischbrühe

Dezent im Aroma, aber Geschmacksgrundlage pur: Gerade für Saucen zum Fisch ist sie unerlässlich. Verglichen mit den anderen Brühen ist sie zudem schnell fertig.

Zutaten für ca. 2 l
1 kg Fischkarkassen (ausgelöste Fischgräten und Köpfe von hellen Meeresfischen – gibt's beim Fischhändler) | 3 Schalotten | 1 Fenchelknolle
2 Stangen Staudensellerie | 8 Champignons
4 EL Butter | 200 ml Weißwein | 200 ml Wermut
1 Stück weiße Lauchstange | 4 Estragonzweige
1/2 Bund Petersilie | Salz | 1 TL weiße Pfefferkörner

1. Die Fischkarkassen ca. 30 Min. in kaltem Wasser wässern, um sämtliche Blutreste auszulösen.

2. Schalotten schälen und grob schneiden. Fenchel und Staudensellerie putzen, waschen und würfeln. Die Champignons putzen und vierteln.

3. Die Butter schmelzen und die Fischkarkassen darin bei mittlerer Hitze anschwitzen. Schalotten, Gemüse und Champignons zugeben, kurz mitdünsten und dann mit dem Weißwein und Wermut ablöschen. Mit 2 l Wasser aufgießen, aufkochen und den dabei auftretenden Schaum abschöpfen.

4. Lauch längs halbieren und gründlich waschen. Die Kräuter waschen, trockenschütteln und mit Küchengarn mit dem Lauch zusammenbinden. Den Bund in die Brühe geben. Salzen und pfeffern. Ca. 30 Min. bei geringster Hitze ziehen lassen.

5. Die Brühe durch ein feinmaschiges Sieb oder Passiertuch abgießen und erkalten lassen. Gleich weiterverwenden oder portionsweise einfrieren.

Tipp: Für die Fischbrühe werden im Allgemeinen nur helle Zutaten verwendet, also nur der weiße Teil der Lauchstange, Champignons oder Staudensellerie. Karotten gibt man nicht dazu, da sie der Brühe einen süßlichen Geschmack geben und sie zudem verfärben würden.

Krustentierfond

Die schon etwas höhere Schule der Fondzubereitung, allein deswegen, da man selten frische Krustentiere erhält und sie auch nicht in den notwendigen Mengen einkauft.

Zutaten für ca. 1 l
500 g Krustentierkarkassen
1 Stange Staudensellerie | 3 Karotten
1 kleines Stück weiße Lauchstange
2 Schalotten | 2 Knoblauchzehen
2 Tomaten | 2 EL Sonnenblumenöl
2 cl Cognac | 2 EL Butter
1 Lorbeerblatt | 1 Estragonzweig
1 Thymianzweig | 1 Gewürznelke
3 zerdrückte Wacholderbeeren
Salz | schwarzer Pfeffer | 50 g Tomatenmark

1. Die Krustentierkarkassen gründlich unter fließend kaltem Wasser spülen; dann in einem Sieb abtropfen lassen. Sämtliches Gemüse küchenfertig vorbereiten und klein würfeln.

2. Das Öl in einem breiten Topf zerlassen und die Karkassen darin anschwitzen, aber nicht bräunen. Mit dem Cognac ablöschen und dann den Topf beiseitestellen.

3. Die Butter in einem anderen Topf zerlassen und das Gemüse darin anbraten. Kräuter und Gewürze zugeben und das Tomatenmark einrühren. 1 1/2 l Wasser aufgießen und aufkochen lassen.

4. Gemüse und Flüssigkeit zu den Karkassen geben und alles ca. 45 Min. bei geringer Hitze zugedeckt köcheln lassen.

5. Durch ein feinmaschiges Sieb oder ein Passiertuch abgießen und erkalten lassen. Gleich weiterverwenden oder portionsweise einfrieren.

A

B

C

E

F

G

H

K

L

M

O/P

R

S

T

V/W

Z

BAGUETTES, TARTE UND PASTETEN

FISCH UND KRUSTENTIERE

FLEISCHGERICHTE, WARM

KÄSE

PASTA UND RISOTTO

SALATE UND SUPPEN

SÜSSES

WILD

Impressum

Die Texterin

Anna Cavelius studierte Philosophie (M.A.), Geschichte und Deutsch als Fremdsprache in München, Paris, Siena und Salamanca. Seit 1995 arbeitet sie als freie Autorin, Journalistin und Übersetzerin. Ihre Bücher haben sich mehr als 900.000-mal verkauft und wurden in verschiedene Sprachen übersetzt. Kulinarisches und die Kunst des Genießens sind ihre Leidenschaft. Anna Cavelius lebt und arbeitet in Schondorf am Ammersee.

Der Fotograf

Jörg Lehmann, seit über 15 Jahre als freiberuflicher Fotograf tätig, hat sich der kulinarischen Welt verschrieben: Motive aus seinen Spezialgebieten Essen und Wein sowie die dazugehörigen Köche und Winzer lichtete er schon für zahlreiche Kochbücher und Reportagen, u. a. für den *Feinschmecker,* ab. Jörg Lehmann lebt und arbeitet in Hamburg, Paris und Tokio.

Die Stylistin

Maria Grossmann, gelernte Fotografin, hat ihre Liebe vom Fotografieren auf das Inszenieren verlagert: Dazu arrangiert sie das abzubildende Gericht und sucht das passende Equipment für die gewünschte Atmosphäre. Dank ihres eigenen Requisitenverleihs und ihrer vielen Reisen, u. a. nach Paris und London, verfügt sie über ein umfangreiches Repertoire an Requisiten. Maria Grossmann lebt in Hamburg.

Programmleitung: Doris Birk

Leitende Redakteurin:
Stephanie Wenzel

Lektorat:
Vicky Bobe, Stephanie Wenzel

Umschlaggestaltung und Innenlayout: independent Medien-Design, Sandra-Jessica Gramisci

Herstellung: Renate Hutt

Satz: Knipping Werbung GmbH, Berg/Starnberg

Reproduktion:
Fotolito Longo, Bozen

Druck: Himmer, Augsburg

Bindung: Conzella, Pfarrkirchen

Die **GU-Homepage** finden Sie unter **www.gu-online.de**

ISBN 978-3-8338-0936-1
1. Auflage 2007

DAS ORIGINAL GU MIT GARANTIE

Unsere Garantie

Alle Informationen in diesem Ratgeber sind sorgfältig und gewissenhaft geprüft. Sollte dennoch einmal ein Fehler enthalten sein, schicken Sie uns das Buch mit dem entsprechenden Hinweis an unseren Leserservice zurück. Wir tauschen Ihnen den GU-Ratgeber gegen einen anderen zum gleichen oder einem ähnlichen Thema um.

Liebe Leserin und lieber Leser,

wir freuen uns, dass Sie sich für ein GU-Buch entschieden haben. Mit Ihrem Kauf setzen Sie auf die Qualität, Kompetenz und Aktualität unserer Ratgeber. Dafür sagen wir Danke! Wir wollen als führender Ratgeberverlag noch besser werden. Daher ist uns Ihre Meinung wichtig. Bitte senden Sie uns Ihre Anregungen, Ihre Kritik oder Ihr Lob zu unseren Büchern. Haben Sie Fragen oder benötigen Sie weiteren Rat zum Thema? Wir freuen uns auf Ihre Nachricht!

Wir sind für Sie da!
Montag – Donnerstag: 8.00 – 18.00 Uhr;
Freitag: 8.00 – 16.00 Uhr
Tel.: 0180-5005054*
Fax: 0180-5012054*
E-Mail:
leserservice@graefe-und-unzer.de

P.S.: Wollen Sie noch mehr Aktuelles von GU wissen, dann abonnieren Sie doch unseren kostenlosen GU-Online-Newsletter und/oder unsere kostenlosen Kundenmagazine.

GRÄFE UND UNZER VERLAG
Leserservice
Postfach 86 03 13
81630 München

*(0,14 €/Min. aus dem dt. Festnetz)

GRÄFE UND UNZER
100 JAHRE GANSKE VERLAGSGRUPPE

Ein Unternehmen der
GANSKE VERLAGSGRUPPE